ESCREVENDO COM O CORAÇÃO

JOY COWLEY

ESCREVENDO COM O CORAÇÃO

Como escrever para crianças

Tradução de Gilson B. Soares

GRYPHUS

Ilustrações
Fraser Williamson

Capa
Axel Sande - www.gabinetedeartes.com.br

Editoração Eletrônica
Rejane Megale

Revisão
Vera Villar

Adequado ao novo acordo ortográfico da língua portuguesa

CIP-BRASIL. CATALOGAÇÃO-NA-FONTE
SINDICATO NACIONAL DOS EDITORES DE LIVROS, RJ

C915e
Cowley, Joy
Escrevendo com o coração: como escrever para crianças / Joy Cowley; tradução Gilson B. Soares. – 1. ed. – Rio de Janeiro: Gryphus, 2014.
84 p. : il.; 23 cm.
Tradução de: Writing from the heart
ISBN 978-85-8311-005-7
1. Crianças – Escrita. 2. Criatividade. I. Título.
13-04831. CDD: 372.4
CDU: 372.41

GRYPHUS EDITORA
Rua Major Rubens Vaz, 456 – Gávea – 22470-070
Rio de Janeiro, RJ – Tel (0xx21) 2533-2508
www.gryphus.com.br – gryphus@gryphus.com.br

ARTS COUNCIL
NEW ZEALAND TOI AOTEAROA
creative nz

A Gryphus Editora agradece a bolsa de tradução oferecida pela Creative New Zealand

Este livro é dedicado à Dra. Libby Limbrick,
por tudo que ela fez pelas crianças deste país.

SUMÁRIO

INTRODUÇÃO

Este não é um livro de instrução, mas sim o compartilhamento de uma longa experiência como escritora, editora e mediadora em oficinas literárias. Espero que você o leia como tal e use-o como referência em seus próprios escritos. Se o que digo não tem nada a ver com sua experiência, deixe passar. Descobri há muito tempo que eu nunca receberia sugestões, a não ser que estivesse pronta para elas.

Criar histórias tem sido para mim como o ato de respirar. Parece que sempre fiz isso, primeiro em figuras, esboçando histórias em qualquer espaço livre que pudesse encontrar - paredes, lombadas de livros, toalhas de mesa, esboços sobre um piso com uma lasca de tijolo - um hábito obsessivo que nunca foi do agrado de meus pais. Comecei a ler tarde, aos nove, antes que adquirisse habilidades suficientes para ter acesso aos livros, mas, uma vez que isso aconteceu, meu próprio método de criar histórias mudou, e passei a desenhar figuras com palavras em vez de com creiom. Também contava histórias todas as noites para minhas irmãs, reciclando as tramas dos livros que lia.

Quando fiz dez anos, minha primeira história foi publicada na página infantil do jornal *Southern Cross*. Seis anos depois já era a editora da página infantil do *Manawatu Daily Times*, um emprego após a escola que meus professores na Palmerston North Girl's High School arranjaram para mim, de modo que eu pudesse permanecer na escola e ao mesmo tempo ganhar algum dinheiro para ajudar meus pais. Quando deixei a escola, ao final do sexto ano, um daqueles professores me fez prometer que eu não desistiria de continuar escrevendo.

Um curso em farmácia, casamento e bebês intervieram, mas mantive a promessa e comecei a escrever contos que foram publicados em várias revistas: *Straigth Furrow*, *The Listener*, *New Zealand Home Journal*, *Landfall*, *Short Story International*. Uma editora de Nova York, da Doubleday, perguntou se eu tinha um romance. A Doubleday finalmente publicou cinco de meus romances para adultos, mas ao mesmo tempo eu estava escrevendo histórias para crianças, especialmente para meu filho Edward e outros como ele, que eram leitores relutantes. Seguiu-se o que foi um compromisso crescente com a leitura de iniciação.

Ao longo dos últimos 40 anos escrevi cerca de 650 livros de iniciação à leitura e estive envolvida no *layout* e produção da maioria deles. Também houve cerca de 50 livros ilustrados, 80 livros curtos em capítulos e 12 romances, todos eles para crianças. Professores amáveis permitiram-me pesquisar em suas salas de aula. Editoras dos EUA, Nova Zelândia, Hong Kong e Cingapura aceitaram-me em suas redações para fazer trabalho editorial. Por 16 anos estive na faculdade de Highlights Summer Writing School, em Chautauqua, Nova York, e realizei oficinas de escrita de fim de semana no Alasca, Seattle, Arizona e Califórnia, nos EUA, bem como na Malásia, Cingapura, Hong Kong, Brunei, África do Sul, Islândia e Nova Zelândia.

O material incluído neste livro vem da soma de todas essas experiências.

Há a repetição de alguns pontos-chave em *Escrevendo com o coração*. Sinto que é necessário repeti-los por causa da sua importância e porque alguns escritores podem ler somente aqueles capítulos relacionados a seu gênero.

Espero que você encontre algo de útil neste livro. A maior parte das citações aqui contidas vem de meu próprio trabalho, simplesmente para poupar o trabalho de obter autorização para citar outros autores. Você terá outras citações que lhe serão importantes.

Acima de tudo, aprecie o seu ofício. Mantenha sua voz adulta séria sob controle e deixe que a criança no seu interior crie asas para voar com a criança lá fora. Escrever para crianças é uma aventura muito gratificante.

Joy Cowley
Wellington, maio de 2010

1. TRAMA

O que é trama?

Estive com um grupo de autores de sete e oito anos de idade que comparavam suas notas em escrita. Perguntas e respostas iam e vinham, e alguém mencionou trama.

"O que é trama?", perguntei, sem esperar uma resposta. Afinal, eles eram muito jovens.

Alguém levantou a mão, e um garotinho disse: "É uma espécie de problema que acaba resolvido."

Bem, tenho visto longas e retorcidas definições de trama por parte de adultos, mas nenhuma tão clara como essa. Trama é uma espécie de problema que vem a ser resolvido. Numa trama algo acontece e a resolução desse acontecimento vem no fim da história. É simples assim, embora possamos deixar escapar. Às vezes escrevemos histórias com tramas tão frágeis que não aguentam o peso das palavras que colocamos nelas. Ou escrevemos histórias que possuem um tema, mas virtualmente nenhuma trama, afinal.

E aqui vai outra definição para você. Desta vez veio de uma turma de escrita ginasiana, com alunos de 14 e 15 anos. Perguntei a eles:

"Qual é a diferença entre tema e trama?"

E veio a resposta:

"O tema é o que a história trata e a trama é o que acontece."

Novamente, uma definição muito clara. Posso escrever alguma coisa para crianças sobre o tema de patriotismo, solidão, cobiça e bondade. Posso escrever sobre o tema de celebração – Hanukkah, Natal, festa de aniversário, mas tema não é trama. Trama é o que acontece dentro deste tema. E se não houver trama, não tenho uma história. Só tenho um ensaio, ou uma vinheta. A trama é essencial para a história. Dá à história seu movimento.

Mas as histórias têm alcances diferentes, de acordo com a complexidade da trama e do número de personagens. Por um lado deveríamos ter um texto de 300 palavras para um livro ilustrado para crianças da pré-escola. Outra ideia deveria levar a um texto de 30.000 palavras num romance para jovens adultos.

Cada ideia dita o seu formato e o seu alcance. Mas seja lá o que estivermos escrevendo, a trama conduzirá o movimento da história.

Romances exigem uma trama mais complexa, mas por enquanto vamos imaginar que estamos escrevendo uma história para jovens leitores. Estamos focados na tradicional história de três partes – início, meio e fim. Todas as três estão relacionadas com o desdobramento da trama, mas usando as divisões arbitrárias para descrever como vamos lidar com a trama – a maneira como lhe damos ritmo.

O começo da história introduz personagens e cenário. Ela faz subir a cortina no palco e apresenta os atores. É no começo da história que fixamos todos aqueles adereços de que vamos necessitar para desenvolvê-la. Por exemplo, se o seu personagem vai escapar arrombando a fechadura de uma porta com um canivete, alguma menção ao canivete precisa aparecer antes na história. Geralmente o leitor se sente enganado se introduzimos estes elementos como coincidências perto do final. Portanto, com efeito, o começo da história pode ser comparado com uma abertura musical. Isto dá ao leitor uma boa dose de informação e o incentivo para continuar lendo, mas está também introduzindo a ação principal da história.

O ritmo inicial é às vezes ralentado com uma descrição. Quando desenvolvemos nossa trama, temos de levar em conta que adjetivação em excesso e frases longas só irão reduzir o ritmo da ação. Verbos e frases mais curtas irão aumentar a velocidade. À medida que chegamos ao meio da história, à parte em que tudo está acontecendo, usamos uma linguagem que combine com o ritmo. O estilo mais fácil da estrutura inicial readquire velocidade. Na parte mais dramática da história, nossa linguagem é concisa, quase sem fôlego. Mas isto não significa que o grande momento dramático numa história deva ser tratado com brevidade. Isto acontece com demasiada frequência. Como leitores, perdemos um longo tempo para chegar ao clímax da história só para descobrir que ele é resolvido com duas frases. Se meu personagem cai de um iate no mar agitado, estou enganando o leitor se declaro grosseiramente que ele caiu no mar e quase se afogou. Posso melhorar essa ação, talvez em mais uma ou duas páginas, fazendo um relato conciso e de rápido movimento da luta de meu personagem pela vida. Afinal, esta é a ação principal da história. Não devo descartá-la nem torná-la trivial.

Chegamos ao fim de nossa história. O drama foi resolvido. Houve uma solução bem construída para o problema. O ritmo da linguagem pode ser amenizado. Esse desfecho é breve e faz o leitor sentir-se satisfeito.

Neste ponto devemos focar nos inícios e términos de nossas histórias e ver como o processo de escrita os afeta. Não importa quão bem nossas tramas sejam construídas, sempre temos uma tendência a começar antes do início e terminar depois do fim. Acho que é porque o ato de escrever ocorre em vários níveis. Externamente, estamos digitando no processador de texto ou movendo uma caneta sobre o papel. Em nossas cabeças estamos construindo frases e fazendo uma checagem mental de ortografia. Mas existe também um profundo movimento interior que vem para a frente à medida que a história assume o controle e começamos a vivê-la na narrativa. Uma vez que desçamos para aquela profunda jornada interior, a história parece quase escrever-se por si mesma. Mas no processo de chegar a esse estágio podemos escrever material que não fará parte da história final. Em vez disso é uma parte do estágio de aquecimento. Quando você estiver editando, verifique seus primeiros poucos parágrafos e veja onde sua história realmente começa. Da mesma maneira, pode nos tomar um pouco mais de tempo ficar dando voltas quando a história está terminada. Chegamos ao final, mas tendemos a continuar escrevendo. Descubra onde está o verdadeiro final da sua história.

Demos uma olhada no ritmo da trama, bem como nos inícios e finais. Vamos agora olhar para a credibilidade. Uma trama deve seguir um desenvolvimento lógico, mesmo se a história é pura fantasia. Somente tramas fracas confiam na coincidência. Deveria haver uma espécie de inevitabilidade acerca do desenvolvimento da história enquanto ela segue de um estágio para o outro. Nossas tramas são críveis? Inexoráveis? Elas funcionam como máquinas bem azeitadas?

Como desenvolver uma trama

Está tudo bem falar acerca de ideias, mas como fazemos para desenvolver uma boa trama?

Voltemos aos nossos autores de sete e oito anos que têm um problema, que eu, como adulta, costumava partilhar. Eu ouvia alguma coisa, via alguma coisa, e de repente as rodas começavam a girar, sinos tocavam e ocorria-me uma grande ideia para uma história. Eu corria em busca de uma caneta ou uma máquina de escrever e começava. Mas, após um início confiante, os sinos paravam de tocar e as rodas emperravam. Umas poucas frases e eu ficava estagnada. Muitos jovens autores já tiveram esta experiência. Têm uma grande ideia, começam a escrever e param depois de duas ou três frases.

Portanto qual é o problema? Simplesmente este: nós confundimos uma ideia com uma trama. Uma ideia não é uma trama. Ela é a semente de uma trama e precisa de bastante nutrição, uma significativa quantidade de crescimento, antes que possa ser utilmente empregada.

Minha própria técnica para ajudar uma ideia a amadurecer é continuar brincando com ela, examinar possibilidades, fazer perguntas, procurar personagens. Qualquer personagem que usemos está destinado a ser uma extensão de nós mesmos com o acréscimo de disfarces. Os únicos personagens que vêm inteiramente de fora de nós são aqueles que não são reais. Se você escreveu um personagem crível, pode estar certo de que ele é autobiográfico.

Uma vez estabelecidos seus personagens, a trama irá desenvolver-se a passos largos, bastante naturalmente. Se descobrir que sua trama não está se desenvolvendo como deveria, dê uma parada. Você pode estar com o personagem errado ou fazendo as perguntas erradas. Considere as opções. Tente algum pensamento lateral e uma abordagem diferente. Ou talvez você esteja apenas cansado. Passe um dia fora, durma mais cedo e volte para sua escrita com energia renovada.

Para obras pequenas, eu procuro fazer todo o desenvolvimento da trama em minha cabeça. Ela fica lá, crescendo como uma gravidez cerebral até chegar ao estágio em que não posso segurá-la por mais tempo. Ela deve nascer. É a hora de passar a escrever. Mas, a esta altura, já conheço os personagens tão bem que, se eles batessem à porta, eu os convidaria para um café, e o desenvolvimento da história está completo até o final.

Alguns autores preferem desenvolver suas tramas com anotações e pôr no papel a descrição do personagem. Outros, como eu, trazem as histórias curtas na sua cabeça. Escolha o método que melhor se adequa a você.

Agora, o que acontece se eu tenho uma bela ideia para uma história e sei que ela não vai ser um arrasa-quarteirão? A ideia é lenta e suave. Não tem apelo dramático. Não acontece muita coisa. Em outras palavras, eu tenho uma trama suave e nada excepcional. Mas ainda quero escrever esta história. O que faço? Desenvolvo personagens fortes e singulares. Faço meus personagens ganharem vida no papel e dançarem. E como faço isso? Com detalhes! Nada de passagens descritivas longas que irão alentecer minha história, mas sim ações individuais e diálogo. Estendo a mão tenazmente e puxo o leitor para dentro dos meus personagens.

Até aqui estive falando principalmente de obras curtas – histórias e livros ilustrados. Agora vamos dedicar alguma atenção a obras de maior fôlego – romance e ensaios não ficcionais. Tanto para fato quanto para ficção as preocupações são as mesmas: arranjo eficaz do material, movimento dramático, ascensão e queda dos eventos.

Nas obras mais curtas em geral nos preocupamos com uma trama. Ela é simples e linear, para se adequar às disciplinas do espaço

limitado. Na obra de grande extensão, nossa trama principal com frequência tem outros eventos dramáticos ou tramas paralelas que se entrelaçam, e esses enredos menores afetam um ao outro e à trama principal, e tudo isso ajuda a história a progredir. É desnecessário dizer que livros extensos em geral não são planejados na cabeça do autor, mas esboçados primeiro no papel.

Não consigo lembrar de ter lido um romance que não fosse em forma de capítulos. Do ponto de vista do leitor, não há nenhuma razão por que uma obra extensa deveria ser dividida em capítulos. Obviamente a convenção foi inventada pelos autores para ajudá-los a planejar um livro, e tenho certeza de que não é nenhuma coincidência que os capítulos geralmente tenham o formato de um conto – início, meio e fim – dentro de um contexto mais amplo.

Numa obra extensa é essencial conhecer os personagens muito bem antes de começar. Até certo ponto estes personagens irão ditar a ação. Alguns dos eventos que planejamos intelectualmente para nossa trama são alterados por personagens que se recusam a obedecer nossos comandos. Quando conhecemos nossos personagens, como eles falam, comem, dormem, pensam, então nós os colocamos em certas situações para ver como eles reagem. Como sempre, a parte mais importante da escrita tem lugar antes de sequer escrevermos a história – em nossa cabeça.

Quando planejo um romance, a trama principal vem primeiro. Depois, uma, duas ou três subtramas insinuam-se. À medida que continuo a planejar o trabalho, vejo como a ação geral sofre ascensão e queda de tempo e movimento naturais que podem ser divididos em capítulos. Conforme isso tudo se desenvolve, o trabalho irá sugerir a melhor maneira de se apresentar. Será o ponto de vista através de uma pessoa? Se for, será narrado na primeira pessoa? Ou na terceira? Farei com que o leitor veja através dos olhos de vários personagens? Ou haverá uma visão de olho de Deus acima de tudo? Cada método tem suas vantagens e suas restrições.

Finalmente, gostaria de partilhar com você o processo que adoto em cada trabalho, seja um conto, romance ou livro ilustrado.

Esta coisa chamada trama

1. Tenho uma ideia para uma história. Faço um teste com ela. É uma vigorosa ideia original? Vale a pena conservá-la?
2. Procuro solidão e tempo para desenvolver a ideia.
3. Qual será a forma final desta ideia? Para leitor iniciante? Livro ilustrado? Livro em capítulo? Ficção infanto-juvenil? Conto para adultos? A ideia em si irá sugerir a idade do leitor e sua forma final.
4. Exponho a ideia, fazendo perguntas sobre ela. Continuo a revirá-la em minha mente. Uma ideia negligenciada ficará fria.
5. A cada estágio de desenvolvimento eu testo a ideia em comparação com a vida real, em especial com a minha infância e com as crianças que conheço, para ver se ela soa autêntica. Procuro um detalhe que vai tornar minha história nova e original. Percebo que é o detalhe que dá vida à história.

6. Construo primeiro a espinha dorsal da história – a trama. Tudo mais na história ficará pendente desta espinha.

7. Quando a história soa tão real para mim como se tivesse vida própria, começo a escrever. Escrevo livremente, totalmente absorvida em dar nascimento à história dentro de mim.

8. Edito, descartando material que não interessa mais à trama e talvez acrescentando algo onde está faltando impacto. Pergunto a mim mesma: "O que realmente acontece nesta história?" Faço até mesmo a pergunta brutal: "Há uma boa razão pela qual esta história devesse existir?" "O que é novo/único nesta história que garanta publicação?"

9 Confiro inícios e finais com um olho editorial. Meu leitor precisa passar por uma introdução desnecessária para entrar no clima de minha história? Meus personagens estão vivos e respirando ou são tediosos e sem personalidade? Que detalhe usei para dar-lhes vida e expressar sua individualidade? Como faço para lidar com o principal ponto crítico da história? Passo por cima ou agrego-lhe valor? Como dou ritmo à história? Afinal, uma história deveria ser como música, com passagens altas e suaves, aceleradas e lentas. Que "voz" usei para contar esta história?

10. Não importa quão ansiosa eu esteja para mostrar minha nova criação, ponho o trabalho de lado por uma semana, ou até mesmo um mês, antes de fazer a edição final. Necessito desse espaço para me desligar emocionalmente da história. Uma vez que eu me tenha "desapaixonado" por ela, meu senso crítico está aguçado e posso avaliar o trabalho com objetividade. Dedico particular atenção aos inícios e finais. Minhas primeiras frases seguram o leitor?

11. Despacho a história para seguir com seus próprios pés num mundo abarrotado de histórias e evito contato visual com a caixa de correio para mergulhar em outro trabalho.

2. DIÁLOGO

Você provavelmente percebe que a maioria dos tópicos sobre escrita se apoia um no outro. Não podemos separar trama de personagem. Nem é possível falar sobre personagem sem mencionar diálogo. O diálogo brota do personagem.

Todos nós já lemos histórias em que o diálogo era intercambiável. Todos os personagens usavam o mesmo jeito de falar, os mesmos padrões de palavras, as mesmas respostas às perguntas, as mesmas exclamações. Se você eliminasse o "disse ela" e o "disse ele", não saberia quem estava falando. Esse tipo de diálogo nos vem automaticamente. É o que eu chamo de "diálogo de informação". Está tudo lá, jazendo no topo de nosso pensamento. Escrevemos sem refletir demais sobre a maneira como o estamos apresentando. Nossos personagens são simplesmente os porta-vozes de nossas palavras.

Então lemos um diálogo que faz um personagem saltar de uma página. As palavras não transmitem apenas informação. Elas retratam a vida do falante com acurácia e colorido espantosos.

Como podemos escrever um diálogo assim? Como podemos fazer nossos personagens ganharem vida perante nossos leitores? Ofereço alguns exercícios de conhecimento que me foram úteis.

1. Desenvolva um ouvido para diálogo

Isto soa simples e óbvio, mas na realidade geralmente damos ouvidos à informação. Não ouvimos com conhecimento. Tornamo-nos estudantes da conversação. Entreouvimos conversas em ônibus e aviões. Assistimos a programas de perguntas e respostas. Sintonizamo-nos não tanto pela informação, mas para descobrir como as pessoas juntam as palavras. Tomamos notas. Prestamos atenção em repetição, ritmo, formação de frases. Andamento, pausas, áreas onde a voz é forte e áreas onde soa fraca.

A primeira coisa que você notará é que as pessoas raramente falam em prosa. O diálogo convincente não é feito de prosa ordenada – sujeito, verbo, objeto, sujeito, verbo, objeto. A fala é uma expressão livre do personagem e não obedece às regras estritas de narrativa ou gramática. Isto é maravilhoso para um escritor. É muito libertador.

A segunda coisa que descobrimos é que as pessoas nem sempre dizem exatamente o que querem dizer. Há com frequência um importante subtexto que revela um bocado sobre o falante. Uma mulher diz: "Acabei de comprar este lindo vestidinho numa liquidação na loja da esquina. Você devia dar uma passada lá. "Subtexto: Por favor, me dê os parabéns pela minha aparência. A outra mulher responde: "Eu adoraria, mas vou estar muito ocupada!" Subtexto: "Estou com um problema de peso e eles não vão ter o meu tamanho."

Você já notou que quando as pessoas dizem "por falar nisso" elas estão chegando ao ponto principal da sua parte da conversação? Nunca é "por falar nisso". É sempre importante.

Quando nos tornamos estudantes dedicados do diálogo, descobrimos que todo mundo tem um sotaque – todo mundo. Existe um sotaque que diz alguma coisa sobre país, região e, talvez, educação. Então há inflexões específicas que nos dizem alguma coisa sobre a idade e a personalidade do falante. As pessoas usam frases ou inflexões repetitivas: "Você sabe o que quero dizer? Fui até lá, você sabe, fui direto lá e falei tudo que tinha de falar, joguei tudo na cara dele. E aí, o que que acontece? Ele apenas me olhou, só isso. Não disse uma palavra!"

Também percebemos que a estrutura do discurso muda de acordo com o estado físico e emocional do falante. Podemos detectar quando a pessoa está cansada e furiosa, doente ou assustada. Sabemos pelos padrões da fala quando a pessoa está sem fôlego ou intoxicada, ou muito excitada com alguma coisa. Depende muito de com quem a pessoa está falando e do relacionamento envolvido. A estrutura da frase muda sutilmente quando a pessoa está tentando impressionar ou está romanticamente impressionada, quando está mentindo, tentando esconder alguma coisa.

Por fim, chegamos à percepção de que os padrões da fala são tão individuais quanto impressões digitais, e que duas pessoas não são exatamente iguais no modo de se comunicarem com os outros.

2. O conhecimento das singularidades humanas é o nosso ponto de partida para escrever um bom diálogo

Isto significa que devemos estar cientes da singularidade de nosso personagem. Se não possuímos este conhecimento, então precisamos trabalhar os personagens até que eles nos sejam tão reais que possamos reconhecê-los em qualquer lugar.

Precisamos lembrar que os personagens em geral não nascem com esta singularidade. Muito frequentemente os personagens vêm à nossa cabeça, simplesmente como mobiliário para uma história. Não sabemos o bastante sobre eles. Não nos importamos o suficiente com eles. Ou às vezes o personagem desliza sub-repticiamente de algum trauma infantil de nosso passado. Não reconhecemos de onde este personagem veio, mas reconhecemos que é solitário e sentimos pena dele. Cuidado com este personagem que faz você sentir piedade. Empatia, sim. Simpatia, não. Se você está dizendo ao leitor que ele tem de sentir pena de seu personagem, o leitor vai querer afogar esse personagem. Os leitores não gostam que lhes digam o que devem achar.

Lembre-se de que a mente trabalha imediatamente em cima de trilhas já bem usadas. Isto significa que sua primeira reação em quase toda situação será um clichê. Os primeiros aspectos do personagem e do diálogo que chegam a um autor serão estereótipos e clichês. Temos que superar os clichês. Temos que extrapolar os limites. Isto significa trabalhar conscientemente em nossos personagens para desenvolver sua singularidade. Eles são um projeto genético. Criamos os personagens a partir do barro bruto do clichê e depois inspiramos individualidade neles e continuamos a inspirar, até que estejam plenamente vivos e singulares em cada detalhe. E, quando soubermos tudo sobre eles, também saberemos como eles falam e interagem entre si.

Bem, aqui estamos com nossos personagens plenamente vivos, suas vozes em nossa cabeça, prontos para seguir em frente. Mas há mais do que apenas isso. Como é que usamos o diálogo como parte da engenharia de nossa história?

3. Podemos estar cientes do que o diálogo faz com o ritmo de uma trama

O diálogo costuma dar rapidez à trama. Ele quebra amplos trechos da narrativa que podem resultar um tanto pesados para um leitor jovem – ou mesmo para um mais velho. Por esta razão uso menos a

fala se o meu personagem se encontra numa situação solitária. Um monólogo falado ou um discurso interior, um personagem tendo uma conversa mental consigo mesmo, são úteis para alterar o ritmo do texto na página. Todos nós sabemos que nossos olhos ficam inquietos se são confrontados com narrativa sólida em excesso. Podemos perder o foco e começar a pular as páginas, buscando ação, procurando por uma quebra de padrão, querendo diálogo. Muitas crianças desistem no meio de um livro, dizendo: "Quase não tem falas na história." Somos animais sociais. Por alguma razão profundamente atávica, precisamos de diálogo em nossa leitura.

4. *O diálogo também pode ser um meio maravilhoso e econômico de impulsionar nossa trama*

Às vezes umas poucas palavras faladas podem impulsionar nossos personagens e a trama mais do que meia página de descrição. Isso ocorre especialmente quando nós assentamos camadas de significado, quando as palavras que nossos personagens usam carregam um subtexto que faz uma ligação com o leitor. Este é sempre um poderoso meio de fazer a trama avançar, porque exige um comprometimento do leitor. Não estamos explicando a história. Estamos lidando com uma insinuação que deve ser decodificada. Sabemos por nossa própria experiência que a mais hilariante comédia ou a mais poderosa tragédia são retratadas com diálogos de subtextos. A ação é o acompanhamento certo para a fala, não observação passiva. Com isto quero dizer verbos, não advérbios. Evite a fala com advérbios como "disse ele sonolentamente" ou "disse ela sarcasticamente" ou "ele resmungou furiosamente". A fala em si deveria dar o contexto. Mas ação envolvendo linguagem corporal pode ajudar, em especial quando existe um subtexto. Por exemplo:

"Não, juro!", ele esfregou o nariz. "Realmente gosto disso."

Ou algo como:

Papai tirou o pelo de gato da almofada e rolou-o entre seus dedos. "Não vai demorar, filho. Só até quando sua mãe e eu nos entendermos."

Lembre-se sempre o que seu personagem anda fazendo, enquanto está falando.

5. O diálogo é um meio confiável para prender a atenção dos seus leitores

Se você está pelejando para encontrar um início interessante para sua história, tente abri-la com diálogo. Se você tiver um longo trecho de narrativa que pareça pesado na página e para o leitor, quebre-o com um diálogo. Não apenas qualquer diálogo. Lembra-se do que falamos sobre a singularidade dos personagens? Seu diálogo precisa ser altamente individual e ter camadas de significado.

Leia os autores de bom diálogo e assista a seus filmes preferidos duas ou até três vezes, para analisar os diálogos. Você ficará espantado com o quanto é dito em muito poucas palavras.

3. DISCIPLINA

Algumas pessoas ainda sustentam o ponto de vista de que escrever é uma forma de autoindulgência. Supostamente é algo que fazemos quando o ânimo ou o devaneio nos acometem. Pessoas têm me perguntado seriamente: "Você está escrevendo ou está trabalhando?"

Escrever demanda mais disciplina do que qualquer profissão que conheço. Se vai praticar em qualquer uma das outras artes, terá um professor para instruí-lo e estabelecer metas. Sua disciplina pessoal será assistida por pautas talvez impostas por aquele mestre que o supervisiona. O estudante de arte ou música, o dançarino, o ator, o cantor, todos têm treinamento supervisionado.

O escritor está sozinho. Certamente existem outros escritores que podem partilhar sua experiência. Há editores que podem oferecer valiosa assistência técnica. Há familiares e amigos que irão apoiá-lo. Existem livros e *workshops* que podem inspirá-lo. Mas essencialmente o escritor deve encontrar seu próprio caminho. O escritor é o responsável por autoinstrução e autodisciplina.

Nenhum escritor pode dizer a outro como é que se escreve. Mas há experiências que a maioria de nós partilha e certas verdades que se aplicam a todos nós. O que lhe vou oferecer é uma lista semelhante a uma coleção de dicas domésticas acessíveis. Você provavelmente terá anotações a acrescentar à lista.

A visão de escrever como autoindulgência é até mesmo sustentada por algumas pessoas que estão sentindo a urgência de começar a escrever. Pessoas me disseram que tenho sorte porque possuo muita inspiração. Não sei como responder a isso. Então, novamente, vem o pensamento de que ser escritor significa esperar pelas condições ideais e uma grande parcela de tempo. Perdi a conta de quantas vezes alguém me falou sobre o livro que ia escrever quando se aposentasse. A verdade é que a inspiração não cai como chuva em cima de alguns e não de outros. Temos que procurá-la. Tempo para escrever não acontece simplesmente, nós o fazemos. E, se pudermos encontrar aquelas condições ideais para escrever, provavelmente não escreveremos, porque o nosso trabalho vem do estofo da vida. Escrevemos bem sob alguma pressão. Não escrevemos bem num vazio. Se pudéssemos nos afastar da vida cotidiana, então nos descobriríamos divorciados da fonte de nossa arte.

Quando olharmos para a disciplina, poderíamos bem começar a olhar para nossas condições de escrever.

1. Tempo

A não ser que estejamos começando um novo *Guerra e paz*, nossa escrita pode ser executada bem confortavelmente dentro de um dia que envolva nosso trabalho e outras pessoas. O importante é criar e manter um período de tempo regular. Uma determinada hora a cada dia é melhor do que, digamos, um dia inteiro uma vez por semana, porque o trabalho é mantido vivo dentro de você de um dia para o outro. Você vive com sua história. Sua mente está fazendo coisas com ela, mesmo enquanto se encontra ocupada com outro trabalho. Mas, se você escreve apenas num dia da semana, não importa que tenha dedicado oito horas a sua história, ela esfriará durante a semana, enquanto você espera o seu dia de escrever para recomeçar.

2. Auge de energia

Digamos que você programe seu tempo de modo que tenha uma ou duas horas por dia para escrever. Em que parte do dia você coloca essas duas horas?_Na parte em que sua energia está no auge! Isto é muito importante. O trabalho criativo vai do topo a 25% de nossa energia, e precisamos dar à escrita o melhor de nós. Estou convencida de que aquilo que chamam de bloqueio de escritor é na verdade bateria fraca. Se tentarmos trabalhar com a energia murcha, então a inspiração não vem. Repetirei isto porque é vital para nossa produtividade: pensamento criativo, inspiração – gênio, se preferir – vêm do auge de energia. Portanto, se você é do tipo madrugador, tente escrever entre cinco e sete da manhã. Se você fica mais aceso à noite, deveria isolar-se entre as oito e as dez. Diga a todo mundo que você não pode ser interrompido durante este tempo: nada de família, nem telefone, nem distração de qualquer tipo.

Fique atento às distrações que você oferece a si mesmo. Haverá ocasiões em que ficará tentado a preparar uma quarta xícara de café ou dar uma arrumada na escrivaninha, dar um telefonema ou ficar medindo passos como um urso enjaulado. Sente-se naquela cadeira diante do bloco, computador, processador de texto, tudo que você utiliza, e lá permaneça por duas horas completas. Se não conseguir escrever nada, seu tempo não foi desperdiçado. Você está treinando para se focar. E finalmente começará a escrever.

3. Local

Tente encontrar um local livre de distrações, confortável, mas não em demasia, aconchegante, mas não calorento. Você precisa se sentir alerta neste local. É ideal se tiver um lugar onde seu trabalho possa permanecer organizado. Por mais de vinte anos escrevi em uma mesa de cozinha, que precisava ser arrumada após cada sessão de escrita. Era uma chateação, já que era preciso organizar tudo de novo a cada vez. O local de trabalho não deveria mudar. Alguns escritores dizem que conseguem trabalhar em qualquer lugar. Esses são escritores que já estão muito escolados em autodisciplina. A maioria de nós precisa formar hábito de tempo e lugar. Quando nosso ambiente é tão familiar que nem nos damos conta dele, então ficamos menos propensos a ser distraídos e mais facilmente capazes de nos mover naquele espaço interior onde reside nossa história.

Mais uma vez, mantenha seu local protegido de intrusão. Nada de telefone no ambiente. Nem visitantes trazendo perguntas. Lembre-se de que escrever exige solidão. Ela também floresce na rotina do ambiente.

Sair de uma sessão de escrita é mais ou menos como sair de um estado de anestesia. Sua mente precisa de um pouco de tempo para se ajustar ao mundo exterior. Se você é um escritor madrugador, pode tentar uma caminhada enérgica de dez minutos. Se for uma coruja noturna, pode ir dormir.

4. Métodos de trabalho

Geralmente organizamos nossos próprios métodos de trabalho de acordo com preferências pessoais e padrões que estabelecemos. Alguns escritores escreverão e revisarão um romance de um fôlego só, do início ao fim de cada esboço. Outros escreverão e revisarão um capítulo de cada vez. Alguns preferem fazer um primeiro es-

boço à mão. Outros trabalham a partir de uma abordagem visual. Eles veem a história atuar em sua imaginação e gravam o que estão vendo. Outros são auditivos. Eles ouvem palavras e tomam nota. Outros, ainda, trabalham a partir de uma combinação visual e auditiva. Como escritores, temos forças diferentes. Alguém será excelente em diálogo, outro será melhor na narrativa. Alguns pensarão prontamente em ritmo e rima, outros possuem o dom do humor. Métodos de trabalho e estilo de escrever são tão individuais quanto impressões digitais.

No entanto, podemos estabelecer certas disciplinas que ajudarão nossa criatividade única.

Será útil se pudermos estabelecer nós mesmos metas realísticas e trabalharmos em função delas. Deveríamos reservar-nos fartura de tempo para cada projeto, de modo que possamos fazer revisões sem pressa. Dentro do espaço de tempo para cada projeto, podemos fazer listas ou horários. Por exemplo, um plano semanal poderia ser mais ou menos assim: segunda, terça e quarta, primeiro esboço do capítulo Três. Quinta e sexta, segundo esboço do capítulo Três.

Ao fixar metas, fazer listas e/ou horários, colocamos uma estrutura sobre um processo amplamente abstrato e tornamo-lo tangível. Nosso trabalho fica visível para nós como alguma coisa que podemos controlar e gerenciar, não alguma coisa que acontece ao acaso. Esta sensação de estar no controle é útil a nossa própria imagem como escritores disciplinados. E também ajuda nossa produtividade.

5. Planejamento

Precisamos planejar nosso trabalho. Muitos de nós captam uma ideia e começam a escrever, sem qualquer planejamento. Não deveríamos construir uma casa sem planejar, simplesmente porque temos o material. Nem cortaríamos uma peça de seda sem saber como vai parecer a roupa acabada. Ainda assim, fazemos isto quando escrevemos.

Como planejar um trabalho depende amplamente de sua extensão. Boa parte de um conto ou livro ilustrado pode ser planejado na cabeça com ajuda de umas poucas anotações. Um trabalho mais extenso exigirá anotações mais longas e detalhadas. Tenho uma pasta de planejamento para cada romance que escrevo. Guardo nela recortes e anotações que fazem parte da pesquisa para o trabalho. Determinado livro fala de um cavalo de aragem? Há na pasta um folheto sobre doenças de cavalo, um gráfico da estrutura óssea e muscular de um cavalo Clydesdale, uma velha foto de alguns cavalos dessa raça puxando um arado. Há também anotações sobre os personagens – suas datas de nascimento, aparência, personalidade, *hobbies*, coisas de que gostam e não gostam etc. Desenhei um mapa da fazenda e da casa, outro mapa da fazenda em relação à cidade mais próxima e à rodovia. Depois há um esboço de uma página da história, mais um capítulo inacabado. O romance finalmente tornou-se *Bow Down Shadrach*.

Você pode trabalhar com um método diferente. O mais importante é ter um plano.

6. Inspiração

Mas se você não tiver uma ideia para uma história? Como é que se "planeja" inspiração?

Já mencionei que inspiração geralmente não vem sem um convite. Temos que procurá-la. Para recebê-la e fazer alguma coisa com ela, também precisamos de um bocado de boa energia.

O mundo está repleto de coisas sobre o que escrever. Inspiração é acima de tudo uma questão de seleção, de observação, de audição, de peneirar o que está à nossa volta e estarmos cientes da maneira como ela ressoa com a nossa própria experiência. Ideias para histórias chegam diariamente. Podemos falhar em notá-las. Ou podemos notá-las e depois esquecê-las.

Existe uma antiga crença hebraica de que só percebemos o que temos intenção de perceber. Carrego comigo um *notebook* no qual anoto qualquer coisa significativa para mim. Poderia ser um nome interessante, ou um intrigante retalho de conversa. Poderia ser a descrição de alguma coisa vista, ou um daqueles velhos fragmentos que vêm à mente aparentemente de lugar nenhum. Uma página dupla de meu *notebook* tem as seguintes anotações:

1. Boondoggle. Bela palavra sonora. Que tal uma história com um Dr. Boondoggle?
2. Garota de nove anos falando sobre doença na escola: "Ninguém em nossa escola é saudável. Estou lhe dizendo, se você viu uma garota saudável em nossa escola, deve haver alguma coisa errada com ela."
3. O gigante com botas grandes: "Então ele calçou suas botas pesadas e marchou sobre o terreno acidentado."
4. A sra. T. M. pôs ratoeiras nos seus móveis para manter os cachorros afastados.
5. Princesa Pombo. Era uma vez uma princesa que vivia numa torre alta. Ela sabia que era uma torre alta porque os carros lá embaixo pareciam gafanhotos, e sabia que era uma princesa porque era assim que sua mãe a chamava. "Princesa, você estava alimentando os pombos de novo?"

Vez por outra eu pego meu *notebook* e percorro-o com o dedo. A maioria das anotações já estarão mortas e sem qualquer significado para mim, mas algumas enviarão brotos verdes de ideias que irão amadurecer para formar histórias.

Um escritor está constantemente pescando inspiração.

7. Disciplina editorial

Um editor sugeriu-me que a diferença entre o escritor amador e o profissional é que o profissional aprecia editorar o seu próprio trabalho. Ponderei a respeito e pensei que provavelmente, até certo ponto, era verdade. Quando comecei a escrever para publicação, nunca me ocorreu que eu deveria reescrever histórias. No decorrer de dois anos enviei 49 histórias para a mesma revista e tive todas elas devolvidas. Só vim a ter uma história publicada quando aprendi a dura lição de que nenhuma história nasce perfeita. Ou, para usar outra metáfora, todos nós produzimos diamantes brutos que exigem muitas horas de lapidação e polimento para se tornarem propriedade comercial.

Quando comecei a escrever, não gostava de editar, principalmente porque não sabia como. Não estou certa de que eu saiba muito mais agora, mas reescrevo uma história de cinco a dez vezes e, sim, obtendo prazer com esta parte mais artesanal do ofício.

Quais são algumas das dicas a serem transmitidas?

A primeira é o reconhecimento de que todo trabalho precisa de edição. Escritores novos podem sentir-se possessivos em relação ao seu trabalho e sensíveis à crítica. É verdade que uma história é parte de nós, mas quando a escrevemos para publicação estamos doando a história para um leitor e temos de considerar as necessidades desse leitor.

A segunda é reconhecermos que leva um bocado de tempo para vermos nosso trabalho objetivamente. Enquanto a história ainda está viva dentro de nós, nossa visão editorial está até certo ponto nublada. Se puder, revise o seu manuscrito com o melhor de sua capacidade e ponha-o de lado por uma semana ou duas, enquanto começa a produzir outra coisa. Quando você estiver totalmente envolvido com algo mais, será capaz de pegar de novo o manuscrito e ver claramente o que você escreveu.

Dicas de edição estão no capítulo 10, "Ponha-se no lugar do seu editor". Aqui é suficiente dizer que uma abordagem disciplinada para editar é grandemente gratificante tanto em satisfação quanto em efeito.

8. Apresentação

Nossa história está tão boa quanto possivelmente podíamos fazê-la e agora é o momento de enviá-la. Precisamos ser profissionais em nossa apresentação. Um editor ou um diretor editorial vão ter uma montanha de originais para avaliar em sua mesa. Há a possibilidade de que não examinará meu texto se ele estiver amarrotado ou desordenado ou pobremente impresso com tinta apagada. (Ver capítulo 11, "Apresentação", para mais detalhes a respeito).

Certifique-se de estar mandando seu original para a editora apropriada. Conheça o tipo de material que a casa publica. Verifique o catálogo deles. O seu trabalho se encaixa?

Se você tem um romance, não o envie para uma editora até que lhe peçam para vê-lo. Mande primeiro um resumo de uma página e mais uma cópia do primeiro capítulo.

Agora tenho um agente que apresenta o trabalho para mim, mas até recentemente eu mesma costumava enviar minhas histórias. Como algumas editoras podem reter um original por um ano ou mais antes que tomem uma decisão, descobri ser mais fácil dar um tempo limite para mim e para elas. Eu declararia educadamente em minha carta de apresentação que lhes daria três meses para examinar o manuscrito e que, ao fim desse prazo, estaria submetendo o trabalho a outra editora. Se a editora o quisesse, que entrasse em contato comigo imediatamente. Às vezes eu nem sequer recebia uma resposta, mas isso não importava. Eu sabia que depois de uma certa data eu estava livre para apresentar o trabalho em outro lugar.

Sempre coloque uma notificação de *copyright* no seu manuscrito e envie um envelope selado para retorno pelo correio.

Seu manuscrito foi por fim remetido. Não fique angustiado, esperando para ver o que acontece. Empenhe-se no trabalho seguinte.

Oh! Quer dizer que seu trabalho foi recusado! Console-se. Todos nós já sofremos uma rejeição. E não estou usando o verbo no passado. Ainda tenho histórias recusadas. Tal como escritores veteranos.

Há todos os tipos de razões por que uma história é devolvida, portanto não considere o caso como uma rejeição pessoal. Você enviou uma história de Natal engraçada, e na mesma semana a editora recebeu dez histórias de Natal engraçadas. Você escreveu um romance sobre uma garota de dez anos de idade na França da II Guerra Mundial. Bem, no último ano a editora publicou um livro grande com uma trama similar. O motivo mais comum para a devolução de um trabalho é que existem outras histórias parecidas já publicadas. Isto é algo a relembrar.

9. Apoio

Alguns de nós alegam que escrevem para si próprios. Não creio que seja verdade. Escrever é inteiramente sobre comunicação, e é uma forma de comunicação que deve ser executada em solidão. Nós precisamos de realimentação. Precisamos de apoio. Até certo ponto encontramos esse apoio em nosso clã imediato - família e amigos - mas também é importante manter contato com outros escritores que falam e entendem a mesma linguagem profissional.

Se você não tiver um grupo de escritores da sua área, pense em começar um. Um anúncio num jornal local ou numa biblioteca costuma ser suficiente para estabelecer uma reunião regular de escritores. A maioria dos grupos de escritores reúne-se para ler e criticar manuscritos e partilhar experiências em escrita/editoração/publicação. Embora possa ser útil para você ler seu trabalho para outros, eu lhe recomendaria cautela ao falar sobre histórias que ainda não foram escritas. Com demasiada frequência a energia de uma história fica dissipada pela conversa e não está lá quando você se senta para escrevê-la.

10. Saiba o que está lá

Sempre me surpreendi com o número de escritores que não leem o trabalho dos outros. Se você vai vender seu trabalho, precisa saber o que está sendo publicado, quem o publica e quem o está lendo. Fale com crianças acerca dos livros preferidos delas. Descubra por que gostam desses livros. Pergunte-lhes sobre os livros de que não gostam. Certifique-se do que funciona para idades diferentes. De vez em quando, passe algumas horas numa biblioteca infantil, examine os livros e converse com os bibliotecários. Você descobrirá que o tempo foi bem empregado.

11. Vá em frente!

Esta lista de sugestões parece formidável. Dá indícios de uma jornada repleta de grande dificuldade e perigo, e não quero que você fique com essa impressão. Escrever exige muita disciplina se isto vai chegar a algum lugar, mas não é tão árduo. Traz um grande enriquecimento pessoal e é profundamente gratificante. Acho que escrever é um trabalho duro, mas ao mesmo tempo me considero imensamente abençoada por meu ofício me proporcionar também um enorme prazer.

4. HUMOR

O humor nunca é levado a sério. Verdade! Existe enorme material para pesquisa em humor, seu reflexo na arte e na literatura e, mais importante, seu efeito. Por que procuramos o humor? Por que precisamos rir?

A resposta óbvia é que o riso alivia a tensão. Sabemos como nos sentimos relaxados após assistir a um espetáculo de comédia. Não somente relaxados; de alguma maneira, o riso restaurou a objetividade. O mar de problemas que ameaçam nos afogar tornou-se distante, um pequeno charco. Vamos para a cama e dormimos bem, o riso ainda borbulhando em nós como bolhas de champanhe.

Bem, assim somos nós, gente grande. E quanto às crianças? Como o humor alimenta suas necessidades?

Para as muito pequenas, o riso é a reação natural para uma sensação de bem-estar. Fale com um bebê de quatro meses de idade e observe sua face se enrugar num sorriso, ouça o sorriso transformar-se num riso gorgolejante. Faça *buh-buh* para um bebê de um aninho e observe o excitamento explodir num riso. Brincadeiras, piadas, caretas, ruídos bobos, tudo isso vira alimento para um bebê. Aos cinco anos a criança já está ativamente atrás de piadas e querendo contá-las. Não importa quantas vezes uma criança conte uma piada, ela geralmente explode em riso alto ao terminar de contá-la. Piadas são muito importantes na educação infantil. O riso é uma necessidade atávica.

Como nós, autores de livros para crianças, satisfazemos esta necessidade?

Primeiro, vamos falar sobre as funções do humor num livro para jovens leitores. Depois analisaremos o tipo de humor que escrevemos, e por quê.

Libertação através do riso

Olhemos para a função fisiológica do riso – a libertação da tensão. Tornei-me ciente disso lá pelo final dos anos 1960, quando comecei a escrever para leitores relutantes. Eu era mãe de quatro crianças pequenas escrevendo contos para adultos. Meu filho mais velho, Edward, um garotinho muito prático, não se interessava por leitura. Ele se sentia imprensado entre irmãs que já sabiam ler antes de começarem a escola, e não estava a fim de competir. Ele gostava de máquinas, construir coisas, fazer modelos. Aos sete anos, sua atitude em relação à leitura era negativa. Com o encorajamento de sua professora, escrevi histórias para ele e sobre ele. Histórias de herói. Mais tarde, trabalhei da mesma maneira com outras crianças daquela escola, e depois em escolas da vizinhança. Foi assim que assumi o compromisso de escrever para leitores relutantes.

Minhas histórias eram formatadas pelas crianças com quem eu trabalhava. Elas me ensinaram muitas lições valiosas. O mais importante foi: uma criança não pode ficar tensa enquanto está rindo.

Ainda nos anos 1960, a dislexia era um diagnóstico popular. Muitas das crianças com quem eu trabalhava haviam sido arbitrariamente rotuladas como "disléxicas" porque não se espelhavam na escrita, mas notei que elas não tinham nenhuma confusão direcional direita/esquerda naquelas atividades que apreciavam. Elas possuíam boas habilidades manuais, podiam construir modelos intrincados, faziam quebra-cabeças de armar e sabiam usar tesouras, grampeadores, chaves de fenda, martelo e pregos e até estilingues – tudo com acurácia. Não eram nada desajeitadas. Concluí que seu problema com a leitura provinha da tensão causada pelo medo de fracassar. Todas tinham uma imagem negativa de si mesmas como leitores e isto era retratado na sua linguagem corporal tão logo um livro escolar de leitura aparecia a sua frente. Foi muito gratificante ver que a tensão desaparecia com o riso. A surpresa de uma piada numa história era como tesoura num elástico retesado. Libertação instantânea.

O efeito de distanciamento do riso

Tanto para crianças quanto adultos, o humor auxilia na objetividade ao nos distanciar de nossas preocupações sérias. Para as pessoas jovens que me ensinaram a escrever para elas, a preocupação séria era o ato de aprender a ler. Os livros eram o inimigo. De repente, porém, um livro podia tornar-se um amigo. Não era mais chato. Não era mais uma coisa a ser temida. Era engraçado. Ele tinha significado.

O efeito afirmativo do riso

Eis outra coisa sobre o humor. Ele não só nos relaxa, realçando a objetividade, como também alimenta o ego. De alguma maneira sutil, ele nos faz sentir bem em relação a nós mesmos. Desconfio que é porque uma piada exige de nós uma reação. Temos de fazer uma ligação a fim de entender a piada. Ao fazermos essa ligação, não somente rimos, também nos sentimos bem-sucedidos. Uma piada dá-nos poder porque nos coloca numa posição superior. Isto parece funcionar em dobro para crianças. Histórias engraçadas aumentam a autoestima das crianças.

O efeito estabilizador do riso

O humor capacita-nos a lidar com segurança com os aspectos mais sérios da vida.

A vida é um equilíbrio de luz e sombra, de riso e lágrimas. Parece que, quanto mais triste a situação, maior a nossa necessidade de riso. Quantos de nós já vivenciamos um acesso de riso nervoso em um momento de tensão? Por que é que coisas engraçadas parecem acontecer em funerais?

Em 1968, numa época de perda significativa, passei cerca de seis meses em grave depressão. Enquanto me recuperava, descobri que eu não queria simpatia. Não queria medicação, nem aconselhamento nem nada que se assemelhasse a um exercício de enxugar gelo. Eu queria era rir. Eu recorria a filmes humorísticos, amigos engraçados, procurava piadas e caricaturas. Acho que eu não era uma companhia alegre para mim mesma, mas ansiava por riso do modo como um cachorro doente come capim. O humor era o emético para depressão.

Como isso se aplica a nós como autores? Se estivermos escrevendo sobre um assunto sério, precisamos de equilíbrio e humor. Lemos muitos livros sérios de "mensagem" que são desprovidos de humor. Por quê? Por um momento vamos voltar aos livros que amávamos quando éramos crianças. Como era a mensagem séria de fidelidade e constância abordada em *Horton the Elephant?* Como Arnold Lobel de *Frog and Toad* lida com as pesadas questões da infância como medo, embaraço e doença?

Que tipo de humor tem apelo para jovens leitores?

Antes de mais nada, e isto é importante, deveríamos escrever humor de situação. Não rebaixamos a pessoa. Não fazemos piada à custa da pessoa, muito menos à custa de uma criança. Rimos com os nossos personagens, não deles.

Em seguida, precisamos estar cientes da idade para a qual estamos escrevendo e formular o humor de acordo. Crianças pré-escolares com frequência gostam de humor tipo pastelão. Elas têm uma crescente consciência de seus corpos e estão interessadas em traseiros, dedos, dedão do pé e umbigos. Bocas servem para tentar assobiar, narizes para sentir cheiros bons e ruins, olhos são para piscar e olhar no espelho. Orelhas entram no caminho do corte de cabelo, que por sua vez causa coceira nas costas, e as costas são algo para se coçar na moldura da porta. Exceto as costas do papai! Isso é

algo para se montar como um cavalo. Muitas das histórias cômicas de Arnold Lobel, como no livro *Owl at Home*, são baseadas na consciência corporal da criança jovem.

Crianças nos primeiros anos de escola adoram duplo sentido, trocadilhos, jogos de palavras, piadas baseadas em mal-entendidos ou acidentes de coincidência. Elas estão procurando por piadas mais sofisticadas, um humor que exija mais do leitor. Também gostam de humor de situação, que com frequência acontece com a justaposição do comum e do absurdo. Isso pode ocorrer quando você assume uma visão diferente sobre um tema familiar.

Existe um tipo de humor que adula abertamente o jovem leitor. Lembra de quando você tinha sete anos? Talvez você fosse um pouco tímido. Suas habilidades em diversas áreas eram subdesenvolvidas e a vida era repleta de momentos de aprendizado. Sem dúvida havia pessoas um pouco maiores por perto para lhe chamar a atenção quando você cometia um erro. Assim, não era um alívio você ver uma criança de dois ou três anos cometer o mesmo tipo de erros que você também cometia? Nos livros, as crianças apreciam personagens que agem como irmãos mais novos e isso, mais uma vez, é o apelo de escritores como o Dr. Seuss e Arnold Lobel.

O humor pode ser sustentado em sua escolha de palavras, através de linguagem rica e inventiva. Considere o gênio de Margaret Mahy ao usar estruturas de linguagem originais para provocar o riso na criança.

Muitos livros infantis ilustrados são sérios de uma maneira benévola e melancólica, e há romances para jovens leitores que oferecem simpatia no contexto de desolação. Existe uma cuidadosa tentativa por parte do autor de relatar à criança quem está sofrendo. Bem, quando observamos crianças em má situação, vemos que o humor nunca está muito afastado. Elas tendem a ficar congeladas quando ameaçadas, e depois descongelam quando alguém acende a luz do riso. Quanto a jovens adultos, a adolescência é uma fase de grandes altos e baixos emocionais. Será que um jovem deprimido precisa de um livro que diz, meu pobre coitado, como sofre, mas vou mostrar-lhe a luz no fim do túnel?

Então por que deparamos com tantos livros sem humor? Creio que é porque, quando escrevemos, partimos para uma profunda jornada interior e as primeiras emoções a aflorar serão as tristes. Isto porque o medo é a mais poderosa das nossas emoções. Tem que ser. O medo está diretamente ligado ao instinto de sobrevivência e isto nos mantém a salvo. Crianças novas sabem um bocado sobre o medo. Atualmente falamos sobre inseguranças, mas na realidade isto está repleto de medo fora de moda: medo de ficar sozinho, medo de lugares estranhos, medo de fracasso, embaraço, inadaptação, provocações, sonhos que viram pesadelos. Essas emoções ficam encubadas e muitos anos depois vêm à tona naquilo que chamo de "terapia da escrita". É algo que acontece com todos nós. É bom que escrevamos esta coisa. Mas isto pertence ao nosso diário, não aos livros infantis, porque é escrito não para resgatar a criança externa, mas sim a criança dentro de nós.

Se sentimos simpatia pelo jovem personagem da história que estamos escrevendo, isto deveria fazer soar uma campainha de alarme. Nós sentimos empatia pelos personagens, não simpatia. A vida é sempre um equilíbrio entre luz e sombra. A boa notícia é que, uma vez que tenhamos escrito esta espécie de terapia, o humor aflora como uma límpida fonte borbulhante.

Posso realçar áreas de conhecimento. Posso falar a você sobre a importância do humor. Mas não posso lhe dizer o que escrever. Você terá esse conhecimento dentro de si quando falar com sua própria criança interior. Toda vez que você precisar de material de pesquisa para seus escritos, pode recorrer a esta biblioteca de experiência.

O que nos fez rir quando éramos crianças?

Existem situações universais que transcendem culturas - humor associado com aspectos climáticos ou geográficos ou objetos inanimados. Podemos todos recordar piadas sobre carros enguiçados ou máquinas de lavar que inundam a casa com espuma, histórias engraçadas sobre afundar na lama ou rolar morro abaixo ou ter um guarda-chuva revirado pelo vento. Nós estivemos lá. Nossa criança interior sabe como é.

Existe também a situação de humor oriunda de relacionamento - ligações familiares, reações emocionais e mal-entendidos. A maioria das comédias de TV baseia-se em humor de situação, mas precisamos lembrar sempre que estamos escrevendo sobre o mundo infantil, as aspirações e os valores da criança, não os nossos. De tempos em tempos vemos aqueles livros ilustrados onde o humor é feito à custa da criança. Eu não defendo este tipo de humor.

Às vezes a fantasia faz avançar o humor de uma maneira que realmente não pode. *Mrs. Wishy-Washy* constrói uma história sobre uma fazendeira humilde e três animais. Não funcionaria com mãe e três filhos, que é afinal do que trata a história. Se você está usando antropomorfismo (ou seja, animais falantes), tente manter os animais agindo de acordo com sua verdadeira natureza. Editores têm um problema com antropomorfismo quando os animais usam trajes humanos e comportam-se como humanos.

O humor exige linguagem animada e vibrante. Brinque com as palavras. Lembre-se de que elas são as ferramentas da sua comédia. Bem como as pausas entre elas. Com frequência o que não é dito soa tão engraçado quanto o que se diz. Mas, como seu próprio editor, aprenda a ser implacável quando enxugar o texto. Histórias engraçadas exigem um ritmo acelerado.

Se você está escrevendo uma história ou poema deliberadamente engraçados, ou se está entremeando de humor para suavizar uma obra mais séria, o bom humor tende a conquistar o autor tanto quanto o leitor. Esse é o teste. Quando senta no computador, olhos fixos na tela, o riso se eleva de sua criança interior para seus olhos e boca? Ótimo. Isso significa que o texto irá funcionar para o seu leitor.

5. ESCREVENDO PARA O NOVO LEITOR

Este é provavelmente o nível mais difícil, embora pareça simples. Crianças aprendendo a ler precisam considerar-se bem-sucedidas muito antes que sejam, de fato, leitores fluentes.

Elas precisam de uma história real que seja interessante, que distraia, que seja educacional e emocionalmente apoiadora, uma história que seja centrada na criança. Um livro de leitura eficaz para principiantes tem uma história real e, se a repetição de palavras é usada, ela não pode ser estática, deve conduzir a trama. O texto não fala para o leitor. Ele respeita a autoridade e a inteligência do leitor, mas ao mesmo tempo é simples e acessível. A história tem o desenvolvimento real da trama, início, meio e um final satisfatório. Embora boa parte da história possa ser contada nas ilustrações, ela deve fazer sentido quando lida isoladamente, sem figuras.

Eis aqui algumas sugestões para retificar mal-entendidos comuns do que é exigido de um livro de leitura de iniciação.

Uma história real é importante, mas escolha uma trama simples. A história pode ser baseada numa piada ou numa lembrança infantil. A trama pode ter uma estrutura simples de causa/efeito. Não esqueça de que precisa ser apropriada para a idade do leitor.

É um erro escrever histórias de "mensagem", porque elas geralmente vêm da percepção de um adulto do que uma criança necessita. A maior parte das histórias contém mensagens, mas a mensagem não é a razão para a escrita.

Se estiver usando antropomorfismo, certifique-se de que os animais se comportem como tais e não estejam vestidos como gente em papéis humanos.

Evite repetição de palavras que não seja parte natural da história. Muitos livros de leitura de iniciação são lidos como listas de compras.

Se você quiser saber o nível ou o grau de desafio de sua história, conte a quantidade de palavras. Já vi histórias de 50 palavras que são mais difíceis do que *Green Eggs and Ham* do Dr. Seuss, que tem mais de 1.000 palavras. Depois que tiver calculado a quantidade de palavras, assinale aquelas que serão ilustradas. Quando uma criança encontra uma palavra nova, ela olha para a ilustração em busca de dicas. As palavras que não podem ser ilustradas - era, lá, nós, eles, disse, devia e assim por diante - são conhecidas como palavras de serviço. Estas são as palavras aprendidas pelo contexto e seu uso em demasia pode criar um obstáculo ao sucesso para o leitor emergente.

Não se esqueça do valor do humor. Crianças adoram piadas, e o riso tem a capacidade de dissolver uma atitude tensa em relação à leitura.

Não ilustre sua história de leitura de iniciação. As editoras possuem seus próprios ilustradores e raramente aceitam um trabalho já ilustrado. Mas muitas ficam felizes se você inserir uma nota relacionada a uma ilustração, onde necessário.

A formatação de uma história de leitura de iniciação geralmente é feita por um profissional que tem anos de experiência na área. Você pode, todavia, querer saber por que a história que escreveu está alterada. Eis aqui os motivos.

Simplificação

O mundo está cheio de material para jovens leitores competentes. É o leitor iniciante que nos interessa. Tentamos simplificar a história para tornar o grau de desafio significativo e manejável.

Muitos editores de texto trabalharão com uma tabela de palavras mais frequentemente usadas pelas crianças.

No nível inicial haverá uma ênfase em palavras decifráveis - palavras que soam tal como são pronunciadas.

Uma distinção é feita entre aquelas palavras de "interesse" que irão ter dicas nas ilustrações, e as palavras de "serviço" que não podem ser ilustradas.

O editor de texto terá alguma ideia do nível de leitura da história acabada e editará de acordo com esse nível, repetindo as palavras de serviço para reforço e evitando a justaposição de palavras que poderiam gerar confusão na mesma frase – por exemplo, "selva" e "relva", ou "are" e "era", ou "alma" e "lama".

Haverá também um cuidado com a quebra de linhas (ver seção sobre quebra de linhas, mais adiante neste capítulo) e o texto pode ser alterado para facilitar uma quebra de linha apropriada e/ou a extensão da linha.

Editando para ilustração

Ao nível de leitura de iniciação, boa parte da história é contada nas ilustrações com um texto de apoio. Tendo isto em mente, o editor pode precisar fazer mudança textual pelas seguintes razões.

Pode haver duas ações num parágrafo curto e só uma pode ser ilustrada.

Adjetivos que podem ser ilustrados são geralmente removidos do texto.

Há necessidade de se ter uma progressão na história página por página, tanto nas ilustrações quanto no texto. A repetição de ilustração pode ser maçante e precisa ser evitada.

A história precisa ter início, meio e fim bem definidos, tanto nas ilustrações quanto no texto. As palavras em cada página irão facilitar isto.

Vocabulário

Se você tiver escrito uma história para leitura de iniciação, tente o seguinte teste. Faça um círculo em cada palavra que pode ser mostrada numa ilustração. Agora avalie o alcance das palavras que restaram. Isso dará uma indicação do desafio da leitura.

Com este teste, meu livro *Mrs. Wishy-Wash* tem um alcance vocabular de cerca de 25 palavras, mesmo que seja uma história plenamente formada. O copidesque ocupar-se-á em administrar o alcance vocabular para o nível.

Diálogo

Crianças gostam de "conversa" em seus livros e um copidesque tentará alcançar o equilíbrio entre diálogo e narrativa.

Sintaxe

O copidesque introduzirá a adequada arrumação de palavras, estrutura de frases e pontuação para o nível.

Arte centrada na criança

O estilo de ilustração varia e, embora seja bom a criança ser exposta à variedade, é importante que a arte-final seja do agrado do leitor. Isto é especialmente importante para o leitor emergente.

Evite exagero e distorção. As crianças tendem a ser literais na interpretação. Numa ilustração a caricatura pode ser engraçada, mas jovens leitores não gostam de distorção excessiva, especialmente de rostos. Eles podem ver olhos grandes como ferozes e bocas grandes como ameaçadoras.

Existe uma preferência por cores fortes brilhantes, embora sejam populares alguns livros ilustrados em preto e branco.

Crianças novas ligam-se com aquilo que veem. Portanto, um gigante ilustrado da cintura para baixo pode ser interpretado como um meio gigante, ou parte de uma casa ao fundo ser vista como uma "casa quebrada". Os objetos deveriam ser mostrados na sua inteireza neste nível inicial de leitura.

Crianças precisam ver rostos. Elas se sentem inquietas com ilustrações mostrando nucas. Crianças também não gostam de ilustrações de pessoas rindo com os olhos arregalados. Quando sorrimos ou rimos, nossos olhos costumam se fechar um pouco. Uma boca gargalhando e olhos esbugalhados costumam ser vistos como uma careta ameaçadora.

Ilustração intencional

O autor e o ilustrador estão ambos ligados pelo fato de que o livro é para crianças que estão aprendendo a ler. As figuras deveriam conter nada mais nada menos do que é exigido pelo texto. O ilustrador tem a responsabilidade de providenciar dicas para as palavras.

Colocação dos personagens

O ilustrador precisa introduzir os personagens na arte na mesma ordem em que eles aparecem no texto. Se o texto diz "um sapo e um pato" e se o ilustrador desenha um pato à esquerda da página e um sapo à direita, então é dada uma dica errada na ilustração. Similarmente, se o desenho mostra um sapo e um pato com uma vaca ao fundo, o leitor irá procurar a palavra "vaca" no texto.

Direção

É necessário haver um movimento esquerda-direita ao longo do livro. Algumas crianças começam a ler com muito pouca experiência na manipulação do livro. Se elas virem um carro indo da direita para a esquerda na ilustração, podem virar as páginas para trás a fim de ver para onde o carro está seguindo. É importante que o movimento na ilustração seja da esquerda para a direita, de modo que a criança vire as páginas na sequência correta.

Humor

O humor na arte é tão importante quanto no texto. O ilustrador pode mostrar um humor fino e suave ou o mais escrachado pastelão, dependendo da história. Em um dos meus livros, *A Barrel of Gold*, um cachorro persegue e morde as calças de um ladrão. O ilustrador Robin Belton mostrou as calças do ladrão rasgadas, revelando uma cueca de bolinhas vermelhas. Essa é a página preferida dos jovens leitores.

Layout da página

A maioria dos livros de iniciação à leitura tem 8, 16 ou 24 páginas, mais uma capa. A primeira página é a página de rosto, de modo que isto significa que há 7, 15 ou 23 páginas de história e ilustração. O *layout* de qualquer livro é usualmente feito pela editora que o publica, pelo editor de texto e o diretor de arte. Mas é útil para um autor conhecer as razões para a colocação do texto.

Paginação

A história é fracionada nos movimentos como cenas de um filme. É desejável ter uma ação para uma página ou para uma página dupla. O texto e as figuras imaginados devem ter um momento que conduza a história até um clímax. Haverá uma resolução satisfatória na última página.

O texto irá assentar-se naturalmente no topo ou na parte inferior da página, dependendo de se a ilustração retrata o começo ou o fim do texto.

O jovem leitor precisa ser capaz de prever o material impresso. Colocação do texto, palavras usadas e ilustrações feitas para dar significado irão ajudar o leitor a fazer previsões acuradas e aumentarão sua confiança na leitura.

Uma atenção especial é dada ao número adequado de linhas em cada página. Num livro de iniciação de oito páginas, duas linhas por página, em letras grandes, são quase sempre o correto.

É desejável uma impressão em tipos claros que seja familiar à criança. Tipologia elaborada pode aumentar a dificuldade. À medida que a fluência se desenvolve, quatro a oito linhas por página são o usual. Um leitor fluente não tem nenhum problema com páginas inteiras de texto em livros maiores com capítulos, mas alguma ilustração é ainda desejável para crianças em transição entre livros ilustrados e romances.

Quebra de linhas

Observe um novo leitor com um livro. Ele geralmente lerá em voz alta, tracejando uma linha de texto com um dedo. No final da linha ele tomará fôlego e passará para a linha seguinte. Algumas crianças levam três ou quatro segundos para fazer isto.

É importante que cada linha possa ser lida facilmente de um fôlego só, de modo que a quebra no final não destrua o significado. Tente ler estas linhas lentamente com uma pausa de três segundos ao final de cada linha e você verá o que quero dizer:

> *"Oh, que belo lamaçal!",*
> *disse a vaca*
> *e pulou dentro dele.*
>
> *"Oh, que belo lamaçal!",*
> *disse a vaca*
> *e pulou dentro dele.*

Página de rosto e capa

Ao planejar um livro, acho que é útil para o leitor se eu estabeleço visualmente a história na capa e depois a faço progredir na página de rosto. A ilustração usada na capa sugere um desenho que descreva o título e também abra a história. A capa pode então impulsionar a história, de modo que o jovem leitor se envolva nela antes de encontrar o texto impresso além do título.

Qualquer informação impressa (contendo detalhes tais como editora, data de publicação e número do ISBN) deve ter uma tipologia discreta, no verso da primeira capa. Do mesmo modo, qualquer informação ao professor precisa ser pequena e discreta, na quarta capa.

6. ROMANCES PARA CRIANÇAS E JOVENS ADULTOS

Muitos escritores consideram o romance a área mais difícil da ficção juvenil. Não sei por quê.

Tenho a impressão de que a maioria dos escritores imagina que, quanto mais jovem o leitor e quanto menor o número de palavras, maior a chance de sucesso. A opinião geral parece ser de que a ficção para os anos do ensino médio é mais fácil do que para os de ensino superior e de que livros ilustrados são mais fáceis do que a ficção para ensino médio, e de que textos de iniciação à leitura são mais fáceis do que livros ilustrados. Vejo isto de outra maneira.

Escrever para os graus superiores é o mais fácil. Minha experiência profissional aproxima-se mais deste grupo etário do que de outros. Na outra extremidade da escala, um texto de iniciação à leitura verdadeiramente bem-sucedido é muito difícil. Deve haver uma forte ideia que possa ser carregada por ilustrações dinâmicas e de alto interesse, e depois essa ideia deve ser expressa com um vocabulário controlado de tal maneira que pareça novo e interessante. Às vezes me parece que escrever um texto de iniciação à leitura é como inventar um jogo de palavras cruzadas no qual não há nenhum espaço preto. Encomendem-me, qualquer dia desses, um livro em capítulos para adultos.

Se fôssemos perguntar a uma editora comercial – isto é, que publica títulos para bibliotecas e livrarias – que tipo de manuscritos ela mais recebe, a resposta seria: livros ilustrados e livros infanto-juvenis em capítulos. A área fraca é a de ficção para jovens adultos, especialmente livros bons e fortes para adolescentes entre 13 e 16 anos. Muitas editoras irão dizer-lhe que há uma escassez de material para esta faixa etária. Para escritores procurando mercado, faz mais sentido buscar espaço onde a concorrência é menor.

Começando na ficção

Muito bem, digamos que agora decidimos escrever uma obra de ficção para adolescente. (Estou lidando com ficção, porque a não ficção não é meu campo e não posso falar a respeito). Portanto, por onde começamos?

A ideia vem primeiro. Alguma coisa vista, alguma coisa ouvida, uma situação que se conecta com a gente e se move em nosso espaço criativo. Às vezes duas ou mais ideias irão aglutinar-se. Os inícios de *Starbright and the Dreameater* eram uma fusão de teoria quântica e histórias messiânicas clássicas. *The Silent One* começava com as primeiras impressões de uma das ilhas Fiji e um pedido de uma professora para escrever alguma coisa para crianças surdas. Qualquer que seja a inspiração, sabemos se a ideia é válida por sua força. Uma ideia fraca afundará o projeto. Uma ideia forte cumular-nos-á de paixão. Então, aí está: uma boa ideia forte para um romance e agora precisamos desenvolvê-la.

É muito provável que a ideia tenha se originado em algum lugar por aí, mas, enquanto ela permanecer nesse lugar como uma experiência intelectual, não será convincente. Ela precisa ser internalizada. Uma história que não é real para o autor também não o será para jovens leitores.

E como internalizamos uma história? Nós a conectamos com nossa própria experiência. O adolescente continua vivo e autêntico em cada um de nós. Mas às vezes leva um pouco de tempo e meditação para nos ligarmos autenticamente com nossos anos adolescentes. Como adultos, ficamos com frequência envergonhados ou até mesmo irritados com nossa adolescência e somos tentados a reescrevê-la. A adolescência é uma fase conturbada, cheia de altos e baixos exagerados. Olhando em retrospecto, tendemos a nivelar as mudanças de ânimo. Amenizamos aqueles aspectos de nossa adolescência que hoje consideramos tolos, embaraçosos ou alarmantes. Preferimos não relembrar nossas rebeliões contra os pais ou preocupação com sexo. Dizemos a nós mesmos que, quando adolescentes, nunca fomos controlados pelos hormônios. De fato, o adulto em nós tende a tornar as lembranças reais da adolescência bastante vagas. Eu realmente pratiquei beijar no dorso de minha mão? Eu realmente rasguei aquela foto do colégio porque o garoto nela namorava outra pessoa? Eu de fato contei aos meus pais aquelas mentiras de que ia ao cinema com minhas amigas? E quanto aos maços de cigarros que meus pais nada sabiam a respeito?

Fazer a ligação com nossa adolescência do jeito como ela realmente foi, e não como a reescrevemos, é a primeira e mais importante parte de nossa pesquisa. Quando podemos autenticamente recordar e reviver aqueles anos, é nesse momento que seremos capazes de nos conectar com os adolescentes à nossa volta. Para alguns isto é um desafio e tanto. Vemos que a sociedade está mudando rapidamente e tendemos a pensar que os adolescentes de hoje são muito diferentes daqueles de nossa época. São mesmo? Acredito que o mundo interior do adolescente continua igual. Externamente podem ter mudado, mas as necessidades internas, desafios, inseguranças, prioridades são as mesmas para cada geração. A verdade interior da sua adolescência é a verdade interior do adolescente para quem você vai escrever. É o detalhe externo que você deve acrescentar. Alguns escritores podem fazer isto com eficácia. Posso citar Katherine Paterson, Jillian Sullivan, David Hill, Louis Sachar, Jerry Spinelli, William Taylor, Sherryl Jordan ou Margaret Mahy. Eles atravessam um hiato de geração com passos firmes. Se você achar isto intimidante, talvez deseje situar a ação em sua própria época ou antes. Desde que a verdade interior do mundo do adolescente seja autêntica, seu leitor identificar-se-á com ela, qualquer que seja a época.

A ideia principal para a história está se desenvolvendo. Esta ideia é a máquina que conduz a trama. Ela dita o que acontece. Mas não iremos muito longe com o desenvolvimento da trama se não conhecermos bem nossos personagens. É importante saber exatamente a idade de nossos personagens, de modo que possamos relacioná-los a nós quando tínhamos a mesma idade e às pessoas jovens que conhecemos e observamos. Nossos personagens, mesmo os secundários, devem tornar-se tão reais para nós que sabemos tudo sobre eles. Sabemos como eles parecem, até a última sarda. Podemos ouvir suas vozes em nossas cabeças.

Como nossos personagens tornam-se mais reais para nós até este ponto? Não acontece por acaso. Temos que trabalhar neles. Tomo notas biográficas sobre cada um dos meus personagens: quando eles nasceram, onde, sua descrição física, pais, do que gostam e não gostam, *hobbies*, atitudes, traços positivos, inseguranças. Tenho para mim que cada ser humano é uma mistura de força e fraqueza; não existem os 100% bons ou maus na vida. Há santos que fazem coisas ignóbeis, e criminosos contumazes que praticam caridade. Assim é a vida. Isso é real. À medida que construo cada personagem no papel, eles ganham vida em minha cabeça como seres humanos equilibrados, plenos de potencial.

Bem, você pode ir a uma livraria de qualquer aeroporto e encontrar uma leitura rápida em que não existe nenhum personagem autêntico. As pessoas nesses livros não passam de móveis e utensílios para uma trama sensacional. Não conhecemos os personagens, não nos importamos com eles, que não têm voz real. Todos os diálogos deles são intercambiáveis.

À medida que desenvolvemos nossos personagens e nos tornamos cientes de suas vozes, nós os ouviremos falar de diferentes maneiras. Cada um tem um padrão de fala natural que lhe é tão individual quanto impressões digitais. O diálogo varia com cada personagem. Estrutura e extensão da frase, palavras repetidas, hesitações, confiança ou timidez, exclamações – estes são todos aspectos de padrões individuais de fala. Preciso saber exatamente como meu personagem vai conversar com os outros. Tomo notas na ficha biográfica para me lembrar. A fala de meu personagem fica confusa em momentos de

tensão? Meu personagem pode ser manipulador, sempre buscando ser o número um? Meu personagem às vezes é um sabe-tudo que não admite estar errado? Ele tende a ser um bom líder? A personalidade do meu personagem irá afetar o modo como ele fala.

À medida que nossos personagens se desenvolvem, o mesmo acontece com nossas tramas. Os personagens costumam alimentar uma trama e às vezes irão ditá-la.

Questões especiais com romances

Deixem-me mudar um pouco de assunto aqui e falar sobre um aspecto da ficção do jovem adulto que considero bastante perturbador. Estou falando de "livros tristes". Posso apenas imaginar que muitos autores veem a adolescência como uma fase triste, cheia de corações partidos, problemas familiares, desafios sociais, uma fase que necessita de aconselhamento na forma de simpatia honesta e mensagens de esperança.

Bem, a adolescência é difícil – às vezes. Outras vezes é também uma explosão. É uma época de humor distante, amizades íntimas, experiências, travessuras gloriosas, celebrações e idealismo maravilhoso. O estado de ânimo sobe e desce. Achamos honestamente que um adolescente num turbilhão de ânimo inconstante vai sentir-se melhor lendo um livro deprimente?

A maioria dos meus livros contém mensagens, mas sigo duas regras: não deprimir meus leitores e não fazer pregação. A diferença entre mensagens e pregação é a diferença entre mostrar e dizer. Ao mostrar, o autor pode apresentar as escolhas disponíveis e o efeito dessas escolhas. Ao dizer, o autor comunica ao leitor no que ele deveria acreditar. Não é aconselhável usar "deveria" com os leitores. Isto os afasta. Acredito firmemente que meu primeiro dever para com meu leitor é entretê-lo. Não é o que todos nós desejamos de um livro?

Ok, nada de livros tristes. Apresentamos um quadro equilibrado e nossa trama está se desenvolvendo lindamente. Fizemos nossa pesquisa. Tomamos notas sobre os personagens, suas ações e reações. Achamos que estávamos prontos para começar porque obtivemos um bom começo e o resto simplesmente se seguiria, não é mesmo? Não! É espantoso quantos escritores começam um romance sem antes planejá-lo do início ao fim. Para um escritor experiente, simplesmente sentar-se e escrever pode funcionar; para a maioria de nós não é assim. Eu jamais começaria um romance sem um plano, tal como não construiria uma casa sem planejá-la. As pessoas possuem diferentes métodos de trabalho no estágio de planejamento. Meu método em geral consiste de um esboço de cada capítulo.

Você pode perguntar: como você sabe o que vai colocar em cada capítulo? Voltemos à ideia principal, o fio condutor da história. Essa é a espinha dorsal da nossa história. Tudo mais, as subtramas, o andamento dramático do romance, a interação dos personagens, está pendente dessa espinha dorsal. Se eu tiver alguma ação que não esteja conectada à linha principal, livro-me dela. Acho que num romance histórico ou de fantasia, que requerem bastante pesquisa, desejo pôr em tudo minha pesquisa, seja ela relevante ou não. Preciso contornar esta tendência, pondo somente o material de pesquisa que seja relevante para a história. O resto é descartado.

Agora posso falar em poucas palavras sobre voz? Por voz não estou me referindo a diálogo. Refiro-me à maneira como nós, autores, contamos nossa história. Vai ser uma narrativa na primeira pessoa? Na terceira pessoa? Vai ter o ponto de vista de uma pessoa? Será contada através dos olhos de várias pessoas? Ou será contada através dos olhos de Deus, olhando lá de cima tudo que acontece? Que tempo você usará? O presente, com tudo acontecendo enquanto o leitor lê? Ou o tempo passado?

Tomadas estas decisões, você pode agora se perguntar: como contarei esta história? Terei o estilo de conversa descontraído de um dos personagens? Falarei diretamente com o leitor? Ou talvez, se for uma história de fantasia, eu pudesse usar a linguagem mais formal e distante do mito? Devo encontrar uma voz para a narrativa e permanecer fiel a ela.

Mais cedo mencionei ideias como se elas caíssem do céu. Às vezes acontece. Mas geralmente temos que procurá-las. A maioria de nós consegue excelentes ideias na biblioteca de nossa própria experiência. Ou talvez alguém próximo a nós tenha tido uma experiência que dará um bom romance. Não acontecendo isto, podemos tentar uma busca nos jornais. Costuma-se dizer que em cada jornal há pelo menos oito boas ideias para uma história.

A História é rica em tramas já prontas, mas esteja preparado para um bocado de pesquisa. Não se trata apenas de pesquisar o evento real, mas também o material de fundo. Diferenças culturais existem não apenas entre grupos étnicos; elas também existem entre o passado e agora.

A fantasia é o gênero mais difícil, porque tem de funcionar como realidade. Alguns acham que a fantasia está separada da realidade. Não está. É uma extensão dela. A fantasia tem de funcionar de modo lógico, se pretende ser convincente. Isto significa mais pesquisa. Durante semanas convivi com física quântica, teoria do caos e realidades múltiplas no planejamento de *Starbright and the Dream Eater.* Poucas semanas depois de sua publicação, estreou o filme *The Matrix*. Alguém havia feito o mesmo tipo de pesquisa, mas escrevera uma história diferente. Em *Starbright* também pesquisei antigos mitos messiânicos, pinçando deles os atributos comuns: um herói pré-pubescente, nascido de uma virgem, destinado a ser o salvador de seu povo. Mas em *Starbright* o herói é uma garota vivendo aqui e agora. Minha outra fantasia de ficção científica, *Ticket to the Sky Dance*, envolveu pesquisa em medicina alternativa e campos de energia humana, bem como leituras alarmantes sobre crianças de rua no Brasil.

Bem, já planejei meu romance, convivi vários meses com isso e agora acabei. Como todo autor sabe, escrever tem um forte traço de exibicionismo. No momento em que digito a última palavra, o texto berra: "Mande-me para uma editora!" Faço ouvidos moucos às exigências do último romance e deixo-o na memória do computador por várias semanas ou meses até que não esteja mais envolvida com ele. Então posso começar seriamente o processo de editoração final. É espantoso quanto trabalho um livro exige até este estágio.

Finalmente, ele está pronto para publicação e eu o envio, sabendo que está tão bom quanto eu poderia fazê-lo. Claro que uma editora pode não considerar assim, mas pelo menos me resta a satisfação de honrar uma ideia com o melhor de minha capacidade.

7. LIVROS ILUSTRADOS

Que tipo de história? Centrada na criança!

Primeiro, é importante que a história do livro ilustrado seja apropriada para a idade-alvo. Crianças de cinco anos têm desenvolvimento e interesses diferentes daquelas de sete anos. Não podemos pensar numa história para crianças em termos vagos. Devemos escrever para um público leitor específico, motivo pelo qual escrever para crianças exige mais habilidade do que escrever para adultos.

Segundo, crianças precisam encontrar-se numa história. A história deveria capacitar crianças de diversas maneiras: ajudá-las a enxergar a si mesmas como leitores bem-sucedidos; ajudá-las a se sentirem bem com sua capacidade de fazer ligações cognitivas e a resolver problemas; ajudá-las a ver seus próprios méritos nos personagens. Para este fim, nada de ter adultos resolvendo os problemas dos pequenos.

Por fim, precisamos estar cientes das limitações de um jovem leitor: precisamos lembrar que o leitor principiante não tem a experiência de vida e linguagem para lidar com certos estilos literários. Eles acham confuso um final aberto ou inconclusivo para uma história. As histórias nunca deveriam ter um final negativo. Podemos conduzir a criança por uma trama tensa, desde que haja um final feliz.

Entretenimento

O primeiro dever do autor é entreter. Adultos não leem material maçante e difícil por escolha, embora com frequência esperemos isso das crianças.

Resista à tentação de fazer pregação para o jovem leitor. Todas as histórias contêm mensagens, mas mensagens não são a história. Escrita didática obtém uma reação negativa das crianças. Por outro lado, elas apreciam histórias baseadas em piadas, mal-entendidos ou eventos em família. Procure por uma trama simples e centrada na criança que tenha início, meio e fim bem definidos. Pense visualmente. Boa parte da história será contada pelas ilustrações.

Humor é importante. Nem todas as histórias se prestam para o riso, mas lembre-se de que os livros preferidos são geralmente

engraçados. Crianças adoram rir e elas riem mais do que os adultos. O humor também representa um papel, já que ele afasta a tensão em um leitor nervoso ou relutante: ninguém pode continuar tenso enquanto estiver rindo.

Mais uma vez, certifique-se da idade do leitor. Um de cinco anos gosta de humor tipo pastelão. O de sete anos está procurando por trocadilhos e jogos de palavras. Desenvolvi o hábito de colocar uma distorção ou piada no fim para encorajar as crianças a lerem até a última página. Embora isto não seja essencial, certifique-se de que você tem um final forte e positivo para sua história.

Não se preocupe com vocabulário ou sintaxe. Um copidesque experiente cuidará disso para você. Use uma linguagem coloquial simples e, se puder, inclua algumas palavras que irão deliciar as crianças. Evite as rimas, porque geralmente elas tornam a linguagem complexa, mas você pode utilizar ritmo, piadas, palavras de um colorido que descreva barulho e ação, diálogo. Lembre-se de que uma história é que nem música; não deveria ser escrita em tom monótono, do contrário as crianças irão lê-la nesse tom. Tente variar sua linguagem para torná-la interessante. Você pode achar útil pensar em "contar a história no papel", usando o tipo de voz e palavras que usaria caso estivesse contando a história pessoalmente a uma criança. Isto costuma resultar em uma história mais relaxada e divertida.

Erros comuns

- Falta de originalidade. Obras derivativas. Histórias que não têm emoção – elas não conquistam o autor e não irão conquistar o leitor.
- Não específica. Desconhecimento da idade do leitor. Ideia vaga da infância.
- Histórias piegas ou sentimentais. Descer ao nível da criança. Usar fala infantil e diminutivos como "menininho" e "menininha".

- Falta de compreensão da natureza de um livro ilustrado. Palavras em excesso. Um livro ilustrado deveria ter menos de 1.000 palavras, talvez 600-800.
- Muitas histórias de mensagem. Material maçante e meritório. O primeiro dever é divertir.
- Falha em perceber que fantasia deve funcionar como realidade.
- Mau uso de antropomorfismo.
- Rima. É algo difícil e deve ser bem feito. Precisa de linguagem natural e ritmo, e deve ser escandida.

8. PEÇAS

Peças estendem a experiência do estudante em literatura de uma maneira divertida e não ameaçadora. Tal como a leitura de um livro grande, uma peça é também uma atividade em grupo – um grupo de crianças pequenas que partilham uma história assumindo papéis separados.

O aluno não tem que ler a história toda. Ele recebe o prazer da história completa, vivendo um dos personagens. O conceito de "vivendo" é importante aqui. As crianças prontamente encarnam o papel e, assim fazendo, tendem a deixar sua persona para trás. Ao tornar-se um personagem numa peça, o leitor afastar-se-á da leitura como "trabalho duro" e esquecerá o medo do fracasso que a acompanha. Quaisquer erros e deixas erradas tendem a ser de responsabilidade do personagem e não da criança. Este é um importante aspecto do drama em sala de aula. Ajuda a libertar o leitor menos confiante.

Sabemos que as habilidades de leitura são às vezes ensinadas de maneira que não são centradas na criança. A criança pode aprender a ler, mas não aprenderá a amar a leitura, se o exercício for chato, difícil e sem significado.

Peças são centradas na criança. Elas alimentam na criança pequena o desembaraço para representar um papel. Crianças são muito menos inibidas que os adultos para fazer isto, em especial quando estão num grupo de colegas. Estamos, de fato, usando uma peça infantil natural para dar significado ao exercício de aprender a ler.

Peças em sala de aula

Comecei a escrever peças simples para a sala de aula em meados dos anos 1960. A maioria delas foi publicada no *School Journal* do Departamento de Educação da Nova Zelândia, e algumas foram reimpressas em revistas escolares em Nova Gales do Sul e Vitória, na Austrália. Mas foi só quando formamos o programa de leitura Story Box, no final dos anos 1970, que fui para as escolas e encenei peças com os alunos. Eles me ensinaram bastante sobre escrever peças para iniciação à leitura, e nunca tive qualquer dúvida sobre o que funcionava ou não. As crianças diziam-me, quando achavam minha escrita tediosa.

Mas havia também muitas experiências positivas, e uma que ainda me enche de espanto aconteceu em 1971. Eu estava numa escola rural de uma pequena cidade da Nova Zelândia. Uma professora generosa cedera-me sua turma de crianças de sete e oito anos, de modo que eu pudesse testar alguns manuscritos do Story Box. Essas histórias estavam nos níveis de fluência primária e fluência média, assim eu não tive que paginá-las em livros falsos, com ilustrações grosseiras. Eram simplesmente datilografadas em papel almaço.

A última história era uma peça. Era do nível de fluência primária, uma peça simples e repetitiva sobre um buraco em um submarino. (Era inspirada na história do garotinho holandês que pôs seu dedo na parede do dique.) Ela é contada assim:

– Capitão, capitão! Há um buraco em nosso submarino!

– Um buraco?

– Sim, capitão, um buraco! A água está entrando e não sabemos nadar. Capitão, o que faremos?

O capitão manda o imediato pôr o dedo no buraco. Tudo bem, mas então chega o segundo imediato.

– Capitão, capitão! O buraco está ficando maior!

– Maior?

– Sim, maior. A água está entrando e não sabemos nadar! Capitão, o que faremos?

O segundo imediato recebe ordem para pôr sua mão no buraco. Mas o buraco fica maior. O chefe de máquinas pôs o cotovelo no buraco, depois o operador de rádio pôs o pé no buraco.

Finalmente, o cozinheiro sentou no buraco – o que não é muito agradável nos mares árticos –, mas é o cozinheiro que salva o submarino.

Bem, eu li a peça para a turma e depois pedi voluntários para encená-la. A adrenalina corria solta e houve uma floresta de mãos e dedos estalando. Um garoto louro alto estava particularmente ansioso para ser o capitão. Uma vez que ele não tinha sido particularmente ativo nas outras histórias, eu o chamei à frente primeiro. A professora, que estava sentada a um lado da sala, levantou-se, hesitou e sentou-se de novo. Escolhi o resto do elenco, dei a cada ator uma cópia da peça e eles leram. A plateia os adorou, e os atores responderam gritando os papéis. O louro alto, o capitão, cometeu alguns erros, mas, como os outros, ele estava surfando numa onda de aplausos da turma. Quando a peça terminou, ele quis lê-la de novo.

Portanto, eles leram a peça outra vez – realmente com afinco e agora acrescentando algumas ações. Ao final da segunda leitura, o entusiasmo da plateia era caótico e perdi o controle. A professora atravessou o labirinto de corpos barulhentos e aproximou o rosto do meu. Ela apontou para o sorridente capitão louro e disse no meu ouvido: "Ele não sabe ler."

Não preciso falar mais nada sobre essa experiência, exceto para dizer que ela me levou de volta à criança que fui e que pelejou com a leitura e que quase aos nove anos era uma leitora não-funcional. Foi então que o livro ilustrado sobre Ping o Patinho foi colocado em minha carteira e todo o processo ganhou significado. Assim, eu me envolvi tanto naquela história que até esqueci que não sabia ler.

Sugestões para escrever peças

Agora vamos dar uma olhada na construção do som ou peças radiofônicas como oposição às peças teatrais. As peças de teatro que requerem ação também têm o seu lugar, mas em geral elas exigem habilidades mais avançadas. As falas devem ser decoradas de modo que o ator possa também se concentrar no movimento. Peças de teatro, em minha opinião, não são parte importante no aprendizado da leitura como são as peças sonoras - ou Teatro dos Leitores.

Quais são minhas orientações gerais para escrever peças sonoras?

1. Humor. Tentei escrever um drama puro e não funcionou tão bem com jovens leitores. O riso é um valioso auxílio para a leitura à medida que alivia a tensão e cria uma sensação de prazer. Também tento pôr um animado final satisfatório numa peça para dar a última risada e tornar a comédia completa.
2. A peça precisa de ritmo. Deve ser contada economicamente em linguagem simples, com início, meio e fim bem definidos.
3. A estrutura do texto é variada, mas as frases nunca devem ser longas demais. Como uma peça é tudo diálogo, as regras estritas de narrativa não precisam ser aplicadas. Tento modelar frases completas, mas nos momentos de tensão ou excitamento é válido usar frases e exclamações incompletas, desde que tenham um ponto de exclamação no final.
4. Uma peça sonora não deve conter indicações não faladas. Jovens leitores têm dificuldade em distinguir as indicações da fala. Eles irão ler as marcações de palco, nas peças teatrais, e nas peças de rádio lerão as marcações de voz. Vamos supor que eu tenha o seguinte diálogo:

Primeiro robô: (sussurra) Perdi minha voz.
Segundo robô: (grita) Vou ajudar você a encontrá-la!

Jovens atores são propensos a ler isso assim:
Primeiro robô: Sussurra perdi minha voz.
Segundo robô: Grita vou ajudar você a encontrá-la.

Marcações de voz poderiam ser dadas imprimindo-se as palavras do primeiro robô num corpo menor e as palavras do segundo robô em versais e negrito.

5. Em geral uso de três a cinco personagens numa peça sonora. Ter apenas dois personagens representa um fardo para os leitores. Três é um número aceitável, se a peça for muito curta e/ou simples. Mais de cinco personagens podem confundir os ouvintes, se a peça for gravada e apresentada em *playback*.

6. Tento fazer os papéis dos personagens mais ou menos iguais. Tendo explicado isto, às vezes terei um personagem interessante com um papel menos desafiador – este vai para um leitor limitado. É importante que o papel menor ou mais simples tenha um alto valor de entretenimento, de modo a não ameaçar a autoestima do leitor.

7. Os personagens precisam usar os nomes um do outro com frequência para evitar confusão de vozes.

8. Em peças sonoras há oportunidade para um alcance mais amplo de personagens de fantasia e ação do que seria possível em peças teatrais. Como escritora, estou ciente de que o diálogo precisa descrever o cenário e a ação da peça, e isto precisa ser feito de maneira natural.

9. Como preciso evitar marcações escritas, tento colocar todos os efeitos sonoros nas falas. Por exemplo, alguém poderia dizer: "O motor está fazendo um barulho engraçado. Tum-tum-dom!" Ou: "O vento virou meu guarda-chuva do avesso. Uiiêh-uiiêh-vump!"

10. Nas peças mais simples, tento usar linguagem decodificada, ou seja, palavras que possam soar letra por letra, sílaba por sílaba. Isto é para os leitores da plateia, que precisam ouvir as partes de uma palavra.

11. Pode ser útil ter os nomes dos personagens classificados por cores, para fácil reconhecimento. Isto significa que o

jovem ator não precisa percorrer a lista de nomes para encontrar seu papel.

12. Num livro de história, o texto geralmente é quebrado por uma ilustração. No *layout* de uma peça podemos ter texto não quebrado nas margens externas da página dupla – mais uma vez para evitar confusão e ajudar a fluência. A ilustração pode então ficar no meio da página.

Os benefícios do som ou radioteatro para jovens estudantes

Como disse no capítulo sobre escrever para iniciação à leitura, é preciso usar tramas e temas que afirmem que a criança é importante. Tento usar humor de situação, em vez de humor afrontoso, mas, se o riso é à custa da estupidez de alguém, então os personagens devem ser adultos. Nós não rimos das crianças.

A maioria das peças que escrevo possuem mensagens e você não quer se incomodar em descobri-las, mas a mensagem não é a razão para a existência da peça. Se escrevemos com a intenção de instruir, nossa peça está propensa a tornar-se maçante e didática.

Acho que a parte mais importante de uma peça é a vida cotidiana como inspiração para a própria escrita do aluno. Geralmente, crianças novas não têm experiências de vida e linguagem para escrever histórias e peças criativas. Sua escrita costuma ser derivativa. Ao lhes darmos ideias e estruturas baseadas nestas peças, mais uma pequena assistência, elas podem escrever suas próprias peças sonoras e teatrais. Portanto cada peça precisa ser aberta à inovação e servir como trampolim para a evolução da turma.

9. POESIA

Poesia é uma palavra expansiva que abrange rimas, versos brancos, *haikai*, sonetos, *jingles*, versos em anapestos e muita coisa mais. Você pode encher uma página com uma lista de formas e tamanhos poéticos que vêm sob o rótulo geral de poesia.

Cada forma tem suas próprias disciplinas. Cada qual transmite significado em sua linguagem destilada, com poucas palavras carregando um bocado de conteúdo. Quando lemos nossos poetas preferidos, logo ficamos cientes do quanto a poesia nos toca profundamente. A linguagem é usualmente simples, mas as palavras são escolhidas com o maior cuidado para nos levar além de seu significado literal. O modo como as palavras se apoiam uma nas outras, a maneira como elas soam, seu ritmo e andamento podem desencadear em nós reações inesperadas. Muitos concordarão que obtemos momentos mais gratificantes da leitura de boa poesia do que de prosa. Podemos surpreender-nos rindo com um inteligente anapesto, suspirando com a beleza de uma fina metáfora, ou sentir o coração mover-se como um cavalo a galope com alguma balada vitoriana.

Nosso amor pela poesia provavelmente começou na sala de aula, ou mesmo antes disso, com rimas infantis. Muitos de nós, em idade precoce, tentaram escrever seus próprios versos. Os únicos fragmentos de escrita que sobreviveram de minha infância são versos rimados influenciados por gente como A. A. Milne, Edward Lear e as rimas infantis de Mamãe Ganso. Olho em retrospecto meus esforços iniciais, percebo que muito dos meus versos são autobiográficos. Colocando experiência na rima, com poucas mudanças de personagem, removi as ações de mim e ofereci o que parecia um desejável disfarce. Por exemplo, aos dez, tive um poema rimado publicado na página infantil do jornal *Southern Cross*. Referia-se a um garoto chamado Willie que roubava dinheiro da bolsa de sua mãe para comprar doces e foi finalmente apanhado:

Willie ficou gaguejando. Não encontrava explicação.
Foi então que a escova de cabelo da mãe entrou em ação.

Quando leio poesia escrita por crianças, vejo com frequência a mesma conexão – experiência camuflada como ficção – e com frequência a mensagem é rimada.

Por que somos tão apegados à rima? Não tenho a menor ideia. Mas sei que, quase tão rápido como aprendemos a falar, começamos a ecoar palavras. Uma garotinha de três anos estava na sua cadeira alta, comendo pão com queijo. Ao perceber que tinha uma plateia, transformou o alimento numa performance: "Queso quentinho, pão fofinho". Ela enfiou o último pedaço na boca. "Cabou. Pão mortinho."

Esse instinto de rima na criança permanece na jornada até a vida adulta e, quando decidimos escrever para crianças, ele emerge como um florescimento.

Poesia de e para crianças

A cada ano leio 250-300 manuscritos para um prêmio de livro ilustrado infantil, e a cada ano cerca de um quarto das histórias é em forma de rima. Infelizmente, apenas um ficou algum dia entre os finalistas. A maioria das histórias ficaria muito melhor se escrita em prosa.

Por que é tão difícil escrever bem uma história rimada? Eis aqui as razões mais comuns para o fracasso.

O problema principal é que a linguagem geralmente é distorcida para se adaptar à rima. Frases extras são acrescentadas. A sequência de frases pode estar de trás para a frente. O ritmo é desigual. Uma história simples, que seria ótima em prosa para crianças da pré-escola, termina como rima longa e espiralada com vocabulário difícil.

Se você quiser escrever histórias rimadas, leia os autores publicados que fazem isto bem, começando com A. A. Milne, até escritores neozelandeses como Margaret Mahy e Lynley Dodd. Observe o seguinte:

1. A linguagem é simples, inteligente e nunca forçada.
2. A trama tem charme e originalidade.
3. A estrutura da frase é lógica.
4. O ritmo tem uma batida regular, sem quebra.
5. Quando você termina de ler uma história rimada, sabe exatamente que ela está certa e que não seria tão eficaz em prosa.

Lembre-se de que jovens leitores também apreciam poesia que não seja rimada. Um poema pode ser como uma tocha iluminando uma cena especial, um pensamento ou momento profundos. Poemas podem levar os jovens à descoberta de si mesmos ou do mundo. Se o poema não está tolhido pela necessidade de encontrar palavras rimadas, a obra criada pode vir de um lugar mais profundo do coração, e pode, portanto, falar ao leitor no mesmo nível.

A linguagem poética no seu melhor é simples, embora rica e composta de significado. Ela é um veículo para o sentimento, e seu toque pode ser selvagem e passional, ou frio e elegante. Geralmente traz o leitor para um novo lugar de compreensão.

Quando crianças escrevem poesia livre das restrições da rima, o efeito pode conter tanto beleza quanto sabedoria. Ainda guardo um poema que me foi enviado muito tempo atrás por uma poeta de 11 anos de idade, que se assemelha a um argumento para o mau tempo. Ela descrevia trovões, relâmpagos, chuva pesada e, finalmente, o emergente arco-íris. Sua última linha dizia: "Um arco-íris é uma ponte que não pode ser queimada."

O assunto para poemas está em toda parte. Eis aqui umas poucas linhas também sobre o tempo, que descreve a qualidade da luz em Wellington, Nova Zelândia, após uma tempestade:

A luz dança nas colinas e nas janelas dos escritórios
e sacode suas saias sobre a baía
num fandango selvagem que atrai
as pálidas mariposas dos iates em nuvens.

Acho que simplicidade é a chave para a energia cinética de um poema. São boas notícias para um novo escritor. Se você pretende escrever poesia para crianças e tem dificuldade com rima, ponha de lado o instinto de rima e coloque seus pensamentos numa linda e densa linguagem. Você pode ficar agradavelmente surpreso com o resultado.

10. PONHA-SE NO LUGAR DO SEU EDITOR

O autor que há em você fez o primeiro esboço de uma história e está se sentindo satisfeito com o resultado, mas você sabe que é preciso ser feita uma editoração. Editorar é uma habilidade aprendida e autores novos às vezes se sentem um pouco assustados com essa probabilidade. Eis algumas dicas testadas pelo tempo, que podem ajudá-lo.

1. Você incluiu toda a informação de que a história necessita? Quando a história está vívida em nossa mente, podemos às vezes negligenciar em pôr detalhes importantes no papel.
2. A informação está na ordem correta? Por exemplo, nós não fazemos uma descrição do personagem perto do fim de uma história. Nem apresentamos coisas como coincidência. Os elementos importantes da trama precisam ser introduzidos cedo, de modo que, quando se precisa deles, apareçam como um elemento natural e real da história.
3. Em seguida checamos nossos inícios e finais. Há sempre uma tendência de abrir nosso caminho rumo ao começo real, e depois, quando a história ganha ritmo, corremos atrás do final certo. O seu começo não parece um pouco lento? Se assim for, tente começar a história com ação ou

diálogo, para capturar o interesse do leitor. Nas primeiras frases de uma história você precisa dar ao seu leitor a noção de lugar e também informação sobre os personagens, mas isto pode ser costurado no diálogo e/ou na ação. Começar uma história com longos trechos de narração descritiva pode ser tedioso para o jovem leitor. Quanto ao final, olhe para a trama e o conflito ou problema que é resolvido. Geralmente o fim da história vem logo depois dessa resolução.

4. Cada história tem uma trama. A trama é o que acontece numa história e, como já mencionado, é sobre um tipo de problema que vem a ser resolvido. A história constrói isso com um aumento na tensão. O pico dessa tensão pode ser chamado de principal momento dramático. Como lidamos com o principal momento dramático em nossa história? Fazemos com que seja excitante para o leitor? Ou o descartamos em poucas palavras?

5. Diálogo. Há alguma coisa em nós que procura diálogo numa história. As crianças especialmente irão querer conversas nos seus livros e irão rejeitar histórias que não contenham bastante "falatório". Como usamos o diálogo em nossas histórias para dar-lhes interesse e impulsionar a trama? Quando escrevemos para leitura de iniciação, precisamos simplesmente dizer quem está falando – eles disseram, ela perguntou, ele respondeu. Mas, quando escrevemos para leitores fluentes, podemos dizer muito mais usando linguagem corporal com diálogo. Por exemplo: "Peter esfregou a nuca e completou: 'Não, honestamente, foi isso mesmo que eu quis dizer.'"

6. Ritmo. Uma história é como música. Possui movimento e tons – rápido e lento, suave e agressivo, palavras que têm ritmo, palavras que se chocam em discórdia. Você pode dizer muita coisa sobre o que está acontecendo na história pelas palavras que escolheu e a extensão das frases. Frases longas alentecem a história até um ritmo relaxado. Frases curtas dão sensação de tensão e falta de fôlego. Se contar-

mos uma história toda da mesma maneira, ela pode parecer monótona ao leitor.

7. Clichês. Algumas palavras e frases são usadas com tanta frequência que se tornam quase sem peso. Se usarmos uma expressão muito batida numa história, deveríamos tentar achar um novo meio de dizer a mesma coisa.

8. Gramática. Quando escrever livros que serão adotados nas escolas, tente manter a linguagem padrão do tipo que as crianças supostamente já aprenderam. Existe, porém, uma diferença entre a linguagem da narrativa, que obedece às regras vigentes, e a linguagem dos diálogos, que tem liberdade de expressão. As pessoas raramente falam em frases perfeitas e, se elas fazem assim em nossa história, o resultado tende a soar antinatural. Sempre use linguagem natural em diálogo.

9. Pronúncia, pontuação, sintaxe. Neste estágio relemos nossa história para checar esses detalhes. Não nos preocupamos só com a pronúncia correta, pontuação e a colocação das palavras, estamos procurando também por repetição. Temos frases demais estruturadas da mesma maneira? Temos palavras que se chocam ou são repetidas, quando não queremos este efeito? Lembre-se de que cada história escrita para crianças será lida em voz alta. Leia sua história assim. Palavras são diferentes para os olhos e ouvidos.
10. Está faltando humor na história? Todas as histórias irão despertar as emoções de um leitor, deixando-o feliz, excitado, triste, assustado, indignado ou reflexivo. Com frequência um autor esquece que as histórias mais populares são aquelas que fazem a criança rir. Até mesmo uma história séria pode ter seus momentos engraçados.

Enquanto a história de um livro ilustrado pode ser escrita em uma semana ou menos, o processo de editoração dura meses. Não posso dizer muito frequentemente, mas não se sinta tentado a enviar sua história para uma editora após a primeira editoração. Deixe-a no seu computador e volte a ela em intervalos regulares. Você fará um bocado de aperfeiçoamentos durante várias semanas, deletando palavras supérfluas, rearrumando frases e substituindo palavras por outras que melhor se prestam ao significado pretendido. Este último polimento cria uma história profissional que chamará a atenção de um diretor editorial.

Mantenho uma história no computador por dois ou três meses enquanto a vou refinando e polindo. Embora meu segundo esboço seja a grande editoração, sei que sou incapaz de completar o trabalho enquanto ainda estou emocionalmente envolvida com o que escrevi. Quando me desligo, posso ver mais claramente o que escrevi e que outras mudanças precisam ser feitas.

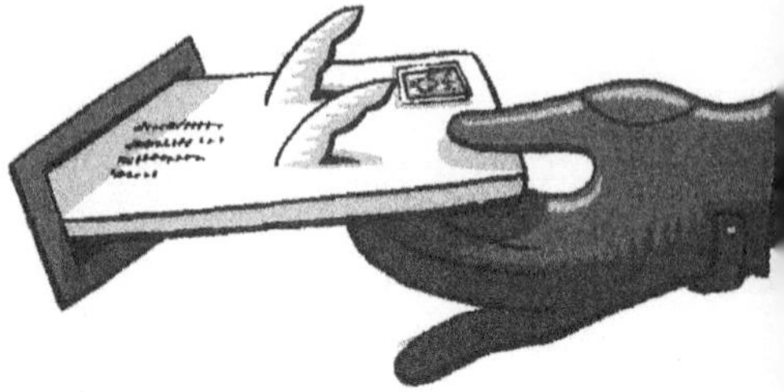

11. APRESENTAÇÃO

Anos atrás, visitando a agitada redação de uma grande editora de Nova York e sendo apresentada à equipe, conheci uma jovem mulher, recém-saída da faculdade, que era a nova editora-assistente. Seu trabalho era avaliar os manuscritos recebidos e determinar quais deveriam chegar à mesa do diretor editorial.

Esta assistente tinha duas pilhas de grandes envelopes pardos ao lado de sua mesa, cada qual mais alta que um assento de cadeira. Conhecida como "pilha de lixo", essa era a quantidade de manuscritos que tinha de examinar em uma semana. Claro que ela não tinha tempo para ler tudo. Ela daria uma olhada na primeira página do manuscrito ou, se o texto não fosse muito promissor, apenas o primeiro parágrafo. Se o original estivesse mal apresentado, com espaçamento incorreto e abertura de parágrafos errada, meio apagado, mal impresso e com aparência desleixada, nem sequer seria lido. O editor que estava me mostrando a redação disse que um breve olhar determinava se um texto provinha de um escritor profissional ou de um amador.

AVISO: Certifique-se de que seu manuscrito tenha boa apresentação.

Em anos passados, como juíza de concursos literários, como funcionária temporária de uma editora e como uma escritora estabelecida tentando ajudar principiantes, li milhares de manuscritos, e era uma raridade ver uma história corretamente apresentada.

Os manuscritos chegavam em espaçamento incorreto, sem aberturas de parágrafos, margens estreitas, tipologia indefinida, manchas de café e chá e, às vezes, escritos à mão. Uma história interessante de um fazendeiro pioneiro foi entregue em 11 cadernos escolares escrita com lápis rombudo. Embora o material prendesse a atenção, ele nunca foi publicado.

Hoje em dia, muita gente está escrevendo e esperando ser publicada. A não ser que o manuscrito pareça profissional, é improvável que seja lido. Este é um fato inflexível. Não pretendo aqui entrar em detalhes a respeito de estilo ou *layout*, mas oferecerei algumas dicas práticas.

Leia! Um escritor principiante que não lê o tipo de livro que quer escrever está em desvantagem. De que outra maneira podemos aprender sobre o mercado? Leia os livros populares e aprenda com os autores. Como eles capturam e prendem o interesse do leitor? Como utilizam as ferramentas de linguagem? Observe gramática, pontuação, *layout* – o que você pode aprender?

Você pode pegar na biblioteca um livro sobre estilo e gramática que lhe mostrará como apresentar sua história. Melhor ainda, compre um. Será um bom investimento.

Se você escreveu um texto para livro ilustrado, NÃO o apresente já com os desenhos. As editoras possuem sua própria equipe de desenhistas profissionais e reservam-se o direito de escolher o artista adequado para o trabalho. Além disso, se a história for aceita, na época em que já tiver sido editorada e o *layout* feito, a paginação será bem diferente.

Ponha sempre uma página de créditos na sua história. A informação na folha de capa contém tudo que uma editora precisa saber: título da história, gênero, número de palavras, seu nome e detalhes de contato, além do nome de seu agente, se você tiver um. Se a história for devolvida por uma editora e você quiser enviá-la de novo, reimprima-a se ela parece cansada e dê-lhe uma nova página de créditos.

Não envie uma carta longa junto com seu manuscrito. Editoras concordam em que quanto mais longa a carta, pior o manuscrito.

Isto pode parecer rude, mas não há razão por que você deveria explicar a história na carta. A própria história irá explicar-se.

Não peça a um editor que faça uma crítica da sua história. Isso não é tarefa dele.

Certifique-se de que seu trabalho é tão bom quanto você acredita antes de submetê-lo a uma editora. Se a história for rejeitada e você mais tarde verificar que ela tem falhas, é improvável que a editora queira examiná-la de novo.

Sua biblioteca terá manuais de escritores que dão conselhos e listam os mercados disponíveis. Você pode também querer juntar-se a um grupo nacional de escritores (como a New Zeland Society of Authors) ou a um grupo internacional como a SCBWI (Society of Children's Book Writers and Illustrators), que dão valioso apoio e informação concernente.

Muitas editoras só aceitam manuscritos apresentados por agentes, mas não é fácil para um autor novo encontrar um agente, já que muitos agentes só representam autores publicados. Como você vai contornar essa situação complicada? Você pode tentar escrever para o rádio ou revistas infantis. Uma vez que tenha conquistado uma lista de aceitações, você pode abordar um agente.

Epílogo

Aonde quer que as histórias de seu coração o levem, você irá adorar a jornada. Haverá fases de frustração em que você se sentirá como um surfista com sua prancha debaixo do braço, olhando para um mar sem ondas. Outras vezes você cavalgará uma onda de inspiração que desafia qualquer descrição.

Conheço muitos escritores, mas ainda não encontrei um que tenha desistido de escrever para fazer outra coisa.

Você pode ser afligido pelo mesmo vício.

AGRADECIMENTOS

O Storylines Children's Literature Charitable Trust estende seus calorosos agradecimentos a Joy Cowley pela generosa doação deste manuscrito para publicação por nós.

Os lucros das vendas do livro reverterão para o trabalho contínuo da organização, através de eventos, prêmios, publicações e advocacia para promover literatura e alfabetização na Nova Zelândia.

A posição de Joy como proeminente autora infantil, particularmente no campo de livros educacionais, é amplamente reconhecida tanto em nosso país quanto no exterior. Menos bem conhecida fora dos círculos literários e educacionais é sua generosidade, da qual seu comprometimento como curadora da Storylines e com esta nossa publicação, escrita para fornecer inestimáveis ferramentas a autores aspirantes e emergentes, nada mais são que dois exemplos.

Somos também enormemente gratos às seguintes pessoas que também forneceram seus talentos e serviços *pro bono* na produção, promoção e distribuição do livro: o ilustrador Fraser Williamson, por seus deliciosos desenhos a traço; a designer Kate Walters; a curadora Tessa Duder, pela assistência editorial; Kate Thompson e Mary de Ruyter, pela ajuda na revisão de provas, e o curador Peter Dowling por supervisionar toda a produção.

Para mais informação sobre o trabalho do Storylines Trust, tanto na Nova Zelândia quanto na seção neozelandesa do IBBY (International Board on Books for Young People), visitem por favor o *website* www.storylines.org.nz.

Este livro foi composto nas tipologias Cambria e Arial Black,
e impresso pela Gráfica Singular, em papel offset 90g/m^2
e a capa em papel cartão supremo 250g/m^2.